파른본 삼국유사 교감

파른본 『삼국유사』 교감은 2015년도 연세대학교 정책연구비 지원을 받아 수행되었음.

파른본 삼국유사 교감

연세대학교 박물관

『삼국유사』 파른본을 공간하며

『삼국유사』는 한국 고대사는 물론 문학과 사상, 풍습, 언어 등 여러 방면을 연구할 때 기본이 되는 귀중한 문헌이다. 그런데 지금까지 연구는 1512년(중종 7)에 간행된 '임신본'을 위주로 이루어졌고, 조선 초기본의 일부가 더러 존재하지만 적극 활용되지는 못했다. 공개된 것이 일부에 그쳤기 때문이다.

『삼국유사』 파른본은 조선 초기본이다. 이 귀중한 책을 우리 대학교 박물관에 기증해 주신 고 손보기 교수님의 유족(김서영 여사님, 손명세 교수님)에게 깊은 감사를 드린다. 우리 말글에 대한 사랑이 유달랐던 손보기 교수님은 순우리말 '파른'이라는 호를 썼다. 우리 대학교는 그를 기리기 위해 이 책을 '파른본'이라 이름하였고, 문화재청은 2015년에 이를 보물(제1866호)로 지정하였다.

파른본은 왕력과 기이1, 2로 『삼국유사』의 앞부분 절반에 해당한다. 나머지 후반부는 소장처가 흩어져 있고 더러 결권(缺卷)·결장(缺張)을 포함하며 일부밖에 공개되지 않았다. 그러나 파른본은 결장이 없고, 특히 왕력을 포함하기 때문에 학계의 관심이 높았다. 이에 우리 대학교는 연구에 널리 활용될 수 있도록 파른본을 공간(公刊)하기로 하였다. 소중한 자료일지라도 공개되어 활용되지 못하면 없는 것과 다르지 않다고 판단했기 때문이다.

이 책에는 원본을 크기를 줄여 그대로 실었고, 몇 가지 다른 판본(板本)과 대조하여 현대 활자로 옮긴 교감(校勘)을 덧붙였다. 연구에 참고하기

쉽고 편하게 읽을 수 있도록 한다는 것이 판형을 결정한 기준이었다. 그런데 교감본은 원본 글꼴을 최대한 살리려 하였으나 한계가 있었다. 아직 현대 글꼴로 온전히 옮기기 어려운 글자들이 많았다. 그래서 이체자 (異體字)나 속자(俗字) 등의 원래 글꼴을 확인하려면 원본 사진을 보아야 한다.

우리 대학교에서 『삼국유사』 파른본을 기증받고 기초적인 교감 작업을 진행하여 이렇게 공간하는 과정에는 정갑영 총장님의 관심과 배려가 무엇 보다 컸다. 정인권 교무처장님은 행정적 지원을 아끼지 않았고, 김도형 전임 박물관장님은 파른본의 학술적 가치를 알리는 활동을 이끌었다. 현대 활자로 옮기고 교감하는 작업에는 사학과 하일식 교수님과 박사생 최경선 님이 애를 썼다. 또한 여러 글자를 새로 만들고 복잡한 요구를 감당하며 번거로운 교정을 거쳐 모양새를 갖추도록 한 혜안출판사 오일주 사장님과 김현숙 편집장님의 노고가 있었다.

이 모든 분들에게 고마움을 표하며, 이 책이 관련 연구에 널리 활용되기 를 기대한다.

2016년 1월
연세대학교 박물관장 한창균

| 일러두기 |

1 파른본을 현대 활자로 옮기고 교감(校勘)할 때는 일차적으로 서울대 규장각에
소장된 임신본과 대조하였다. 필요에 따라 조선 초기본인 조종업본, 임신본 계열의
고려대본, 일본 천리대(天理大) 소장본 등과 대조한 내용을 각주 처리하였다.
각주에는 아래와 같이 줄여서 표시하였다.

　[壬] : 서울대 규장각 소장 임신본

　[壬(고)] : 고려대 소장 임신본

　[壬(天)] : 일본 천리대 소장 임신본

2 왕력편의 교감은 원본을 충실히 재현하기 위하여 원본 1쪽을 교감본 1쪽으로
처리하였다. 줄칸 안의 문장은 띄어쓰기를 하지 않았고, 표 속에 공간이 부족하면
간혹 내어쓰기로 처리하며 행을 바꾸었다.

3 기이편은 원본 내용의 각 조항별로 쪽을 나누었다. 그리고 문맥에 따라 적절히
문단을 나누고 띄어쓰기를 하였다.

원본의 협주(夾註)는 [ ] 표시 속에 작은 글자로 처리하였다.

4 왕력에는 태(太) 자를 모두 대(大) 자로 판각했으나 일일이 주를 달지 않았고,
피휘(避諱)도 각주에 메모하지 않았다. 그러나 기이편의 태(太)와 대(大)가 혼용된
부분, 피휘로 판단되는 부분에는 각주로 메모하였다.

5 고자(古字), 이체(異體字), 속자(俗字), 약자(略字) 등은 원본의 글꼴을 최대한 그대로
살리려 하였다.

명백한 오자(誤字)를 비롯, 다른 것과 대조하여 글자나 내용의 차이가 있을 때는
각주에 밝혔다.

차 례

해
제

『삼국유사』의 찬자 일연

일연(一然, 1206~1289)은 장산군(獐山郡, 경산) 출신이다. 속세의 성은 김씨였고, 9세의 어린 나이에 해양(海陽) 무량사(無量寺)로 보내져 글공부를 시작했다. 그리고 14세 되던 해에 설악산 진전사(陳田寺)로 가서 승려가 되었다. 그는 22세에 승과에 합격할 때까지 이곳에서 7~8년 가량 머물렀다. 『삼국유사』에 오대산을 비롯하여 동해안 지역에 얽힌 이야기들이 실린 것은 그가 이곳에 머물렀던 시간과 무관하지 않을 것이다.

해양 무량사는 무등산 자락 어디쯤이었으리라 짐작한다. 그가 출가한 진전사는 강원도 양양에 절터가 남아 있는데, 신라 말 선종 9산문의 하나인 가지산문(迦智山門)을 열었던 도의(道義)가 수십 년 머문 곳이었다. 이 가지산문의 대표적 사찰이 전남 장흥의 보림사(寶林寺)이다. 따라서 어린 일연이 공부를 시작했던 무량사는 가까운 거리에 있던 보림사와 연관이 있었으리라 짐작한다. 일연의 비문이나 『삼국유사』 권제5에서 찬자 일연의 이름 앞에 '가지산'을 붙인 데는 이런 사정이 있었다.

일연은 승과에 합격한 뒤 비슬산 기슭의 작은 사찰들에서 긴 시간을 보냈고, 몽골 병란을 피하여 지리산 자락의 암자들을 찾은 적도 있었다. 그러던 중 무신정권의 실력자 최우(崔瑀)의 생질인 정안(鄭晏)의 초청으로 남해의 분사도감(分司都監)에서 이루어지던 대장경 조판에 관여하였다. 해인사에 보관된 팔만대장경의 일부는 여기서 제작되었다. 1268년 고려 정부의 숙원 사업인 대장경 조판사업이 끝나고 운해사(雲海寺)에서 낙성

식이 열렸을 때 일연은 그 행사를 주도하는 위치에 있었다.

승려의 처지였던 만큼 일연이 머문 곳은 여러 지역, 많은 사찰들에 걸쳐 있다. 왕명에 따라 강화도의 선월사(禪月寺)에 머물렀고, 포항의 오어사(吾魚寺)로 옮겼다가 비슬산의 인흥사(仁興寺)로, 다시 왕명을 좇아 청도 운문사(雲門寺)에 주석하였다. 충렬왕이 경주에서 그를 부른 것이 이때였고, 그는 1년쯤 경주에 머물며 폐허가 된 황룡사를 비롯한 몇 유적지를 둘러볼 수 있었다. 이 무렵이면 무인정권이 끝났고 고려가 원 나라에 항복하여 고려 정부가 개성으로 다시 돌아간 상태였다. 당시 고려는 원 나라의 강요로 일본 원정에 필요한 막대한 물자와 병력을 조달했지만, 두 차례의 원정은 태풍을 만나 실패로 끝났다.

일연이 경주에 머물기 오래 전인 몽골의 3차 침입 때 황룡사 9층목탑이 불탔다. 그는 현장을 직접 찾아서 목격한 장면을 기록하였다.『삼국유사』에서 "병화(兵火)를 겪은 뒤에 지금은 큰 불상과 두 보살상이 녹아 없어지고 작은 석가상만 남았다"고 적은 것이 그 대목이다.『삼국유사』에는 이렇게 일연이 직접 가 보았던 곳, 여러 곳에서 보고 옮겨 적은 기록들이 많이 담겨 있다.

이후 일연은 다시 개성으로 불려가 광명사(廣明寺)에 머물며 국존(國尊)의 칭호를 받았다. 그러나 고령의 홀어머니를 이유로 국왕에게 간청한 끝에 고향 가까운 인각사(麟角寺)로 내려갈 것을 허락받았다. 그리고 입적할 때까지 만년의 시간을 이곳에서 보냈다.『삼국유사』를 찬술하는 작업이 운문사에서 상당히 진척되었다든가, 인흥사에서 이루어졌다든가 하는 추정도 있다. 그러나『삼국유사』를 완성하는 데 가장 중요한 기간은 일연이 입적할 때까지 인각사에서 보낸 시간이었다.『삼국유사』권제5에서 찬자 일연의 이름 앞에 '인각사주지(住持)'라는 직함이 표시된 것은 그 때문이다.

『삼국유사』의 체제와 구성

'유사(遺事)'라는 책이름은 일연이 의식적으로 붙인 것이다. 그는 승려였지만 유학 경전에도 깊은 이해를 갖고 있었고, '사(史)'라고 했을 때 지켜야 하는 형식과 담을 수 있는 내용을 알고 있었으리라 짐작된다. 그래서 일연은 '사(史)'가 갖는 체제와 형식의 제약을 벗어나기 위하여 '남겨진 이야기'라는 겸손한 제목을 통해 형식의 자유로움과 내용의 다양함을 추구했던 것이다.

『삼국유사』를 엮은 일연의 의도 자체가 일반적 역사와 달랐다. 그가 책에 담으려 했던 것은 이 땅에 불교가 수용·정착되어 널리 퍼지고 번성하게 되는 과정이었다. 이런 의도로 선택된 것이 이차돈 순교를 비롯하여 불법이 꽃피는 계기가 된 여러 이야기, 많은 사찰과 탑·불상을 이루게 된 배경, 간절한 신앙심과 그에 대한 응답, 고승의 행적(行蹟), 부모에게 효도한 아름다운 이야기 등이었다. 『삼국유사』는 중국『송고승전(宋高僧傳)』의 형식을 본받은 면이 있지만, 고승 이야기를 제외한 대부분은 일연이 자유로이 모아서 엮은 독창적인 내용들이다.

『삼국유사』는 [왕력(王曆) 제1], [권제1 기이(紀異) 제1], [권제2 기이 제2], [권제3 흥법(興法)], [탑상(塔像) 제4], [권제4 의해(義解) 제5], [권제5 신주(神呪) 제6], [감통(感通) 제7], [피은(避隱) 제8], [효선(孝善) 제9]로 이루어져 있다. 그런데 이 중에서 '인각사 주지 일연'이라고 찬자의 이름을 밝혀놓은 곳은 권제5 신주 제6의 첫머리뿐이다. 또 권3, 4의 본문 말미에는 '무극기(無極記)'라고 덧붙인 구절이 있다. 무극(1251~1322)은 일연의 제자였다.

이런 이유로 『삼국유사』를 일연 개인의 찬술이 아니라 무극이 최종 정리·완성했다거나, 심지어 제자들의 공동 작업이라는 견해가 나오기도 했다. 그러나 일연이 평생의 작업으로 여러 기록을 모아 엮은 것이 『삼국유사』이며, 뒤에 그 제자 무극이 덧붙인 구절이 포함되어 책자로 제작되었다고 이해하는 것이 학계의 일반적 판단이다.

서로 다른 기록을 대조한 경우에 일연은 협주(夾註)를 통해 시비를 가리거나 자신의 의견을 붙였다. 그러나 협주 가운데 어느 것이 일연이 직접 작성한 것이고, 어느 것이 원자료에 처음부터 들어 있던 것인지를 분명히 구별할 수 있는 경우는 많지 않다. 엄밀한 관점에서 본다면, 본문의 경우에도 원자료와 일연이 덧붙인 부분을 구분하기 어렵고, 협주로 들어가야 할 부분과 본문으로 처리되어야 할 곳이 혼란스러운 곳도 있다. 일연이 여러 기록을 옮겨적고 정리하는 긴 과정에서 별지(別紙) 형태의 작은 쪽지가 본문의 이곳저곳에 붙은 상태가 되었을 수 있다. 그리고 책자로 엮기 위해 다시 쓰는 과정에서, 또는 판각(板刻)을 앞두고 정서(正書)하는 과정에서 본문과 협주의 구분에 더러 혼란이 생기면서 현재 상태가 되었을 가능성도 크다.[1] 이런 점들을 고려하면 무극이 최종 편찬을 마무리했다든가 제자들과 공동 편찬한 것이라는 추정은 무리한 것이다.

『삼국유사』 전체에서 왕력은 더 많은 논란을 안고 있다. 왕력과 본문을 합쳐 순차적으로 권(卷) 번호가 붙어 있지 않을 뿐 아니라, 왕력에는 본문과 일치하지 않는 내용도 더러 있다. 그래서 왕력을 『삼국유사』에 포함시킬지, 별도의 부록으로 간주하는 것이 합리적인지 등을 둘러싸고 다양한 추정들이 나와 있다. 현재 학계에서는 일연이 왕력을 직접 작성했다고 보기는 어렵다는 판단이 널리 공감을 얻고 있는 편이다. 형식상 하나의 책으로 묶여 있지만 내용상으로는 왕력과 기이편 이하를 구분하여

---

1 기이 제1의 '又四節遊宅條'는 '辰韓條'의 본문에 이어지는 내용이지만 별도의 항목처럼 조판되면서 又라는 글자가 붙어 있다. 이런 경우도 正書되는 과정에서 빚어진 잘못으로 추정된다. 따라서 본문과 협주가 섞이거나, 일연이 접한 저본의 협주와 일연이 추가한 협주가 섞여버렸을 가능성이 있는 것이다.

생각하는 것이다.

단, 일연의 제자나 후대인들이 제멋대로 『삼국유사』 앞머리에 왕력을 덧붙였다고 판단하기도 어렵다. 비록 권수(卷數) 표시가 일관되지는 않지만, 왕력은 기이편 이하와 함께 『삼국유사』라는 이름의 책으로 거듭 간행되어 왔다. 따라서 애초부터 이를 함께 묶었던 일연의 선택과 판단이 깔려 있었다고 보는 것이 자연스럽다.

조선 초기 판본들과 파른본

한국 고대의 역사와 문화, 문학과 예술, 종교과 사상, 민속과 언어 등을 연구할 때 필수 문헌이 『삼국유사』이다. 『삼국유사』의 현존 판본은 1512년(중종 7) 경주부에서 『삼국사기』와 함께 간행된 임신본(壬申本)이 있고, 이보다 앞서 조선 초기에 간행된 것으로 추정되는 것들이 알려져 있다. 그런데 지금까지 연구는 주로 임신본을 활용하여 이루어졌다. 임신본에 해당하는 여러 판본들에는 완질(完帙)이 많고, 일찍부터 알려져서 영인본이 보급되었기 때문이다.

이에 비해 조선 초기 판본은 완질이 없이 일부씩 흩어져 전해지며, 그 대부분은 아직 공개되지 않았다. 그런 상황에서 『삼국유사』 파른본이 연세대에 기증되어 학계의 검토를 거쳐 조선 초기본임이 확인되었고, 2014년에는 문화재청에 의해 보물로 지정되었다.[2] 파른본은 1394년(태조 3)에 『삼국사기』와 함께 경주부에서 간행된 것으로 추정된다. 연세대

---

2 2013년 4월 26일에 연세대학교에서 학술회의를 열었고, 이 때 발표된 4편의 논문은 『東方學志』에 실렸다.
김상현, 2013, 「삼국유사 파른본의 위상」, 『東方學志』 162, 연세대학교 국학연구원.
도현철, 2013, 「조선초기 단군 인식과 『삼국유사』 간행」, 같은 책.
남권희, 2013, 「파른본 『三國遺事』의 書誌 연구」, 같은 책.
하일식, 2013, 「『삼국유사』 파른본과 임신본의 비교 연구」, 같은 책.

박물관이 소장한 파른본을 비롯하여 조선 초기에 간행된 『삼국유사』 판본은 현재 6종이 전해지는 것으로 알려지는데 대략 다음과 같다.[3]

① 석남본(石南本) : 왕력과 권1로 구성된 것으로 일찍이 석남 송석하(宋錫夏) 소장으로 알려졌으나 현재는 소장처를 모르는 상태이다. 왕력의 10, 11장이 결락된 상태이다. 석남본을 필사한 것이 고려대 도서관에 소장되어 있다.

② 학산본(鶴山本) : 송은본(松隱本)이라고도 한다. 일제 강점기에 권덕규(權德圭)가 소장하다가 학산 이인영(李仁榮)으로, 다시 송은 이병직(李秉直)을 거쳐 현재 곽영대 소장으로 알려진다. 『삼국유사』의 후반부 즉 권3, 권4, 권5에 해당하는데, 권3의 첫 6장과 권5의 끝 4장이 결락된 상태이다. 학산본을 필사한 것이 현재 고려대 도서관에 소장되어 있다.

③ 니산본(泥山本) : 왕력과 권1로 구성된 책은 개인 소장으로만 알려질 뿐 상태도 알려지지 않는다. 권2는 니산 남씨가 소장하다가 현재는 성암고서박물관에 소장되어 있다. 권2의 17~20장이 결락되어 있다.

④ 조종업본(趙種業本) : 권2에 해당하는 것으로 9장, 49장이 결락된 상태이다.

⑤ 범어사본 : 권4, 5에 해당하는 것인데, 권5의 26장과 27장이 결락된 상태이다.

⑥ 파른본 : 고 손보기 교수의 유족이 연세대에 기증한 것으로 왕력과 권1, 2가 1책으로 묶여 있다. 『삼국유사』의 앞부분 절반에 해당하는

---

3 남권희, 2013, 위의 글, 81쪽 〈표〉에 정리된 내용을 간추렸다. 남권희의 표는 최광식·박대재, 2009 『點校 三國遺事』, 고려대학교출판부, 39쪽의 표를 파른본이 소개된 뒤에 수정 보완한 것이다.

분량으로 결락된 곳이 없이 완전하다. 이 책은 일찍이 1980년대에 손보기 교수가 충남 공주에서 구입한 것으로 알려진다.

이상에서 살펴본 조선 초기 판본의 현존 상태와 결락부를 표시하면 아래와 같다.

	왕력	권1	권2	권3	권4	권5
학산본						
범어사본						
석남본						
파른본						
니산본						
조종업본						

이렇게 보면 알 수 있듯이, 현재 소장처가 흩어져 있는 조선 초기본을 모두 합쳐도 온전히 완질은 되지 못하는 상태이다. 그런 가운데 파른본은 왕력과 권1, 권2가 모두 결장 없이 완전하다는 점에서 큰 가치를 지닌다. 특히 파른본은 왕력을 포함하기 때문에 학계의 주목을 받고 있다. 석남본· 니산본도 왕력을 포함하지만 소장처를 모르거나 공개되지 않은 상태이기 때문에 임신본과 대조하는 것 자체가 불가능하기 때문이다.

파른본이 갖는 의의

파른본은 『삼국유사』의 앞부분 절반에 해당하는 분량으로 결락부가 없다. 또 2000년대 초에 손보기 교수가 전문가에게 의뢰하여 보존처리를 거친 만큼 상태도 매우 양호한 편에 속한다. 이렇게 앞부분 절반에 해당하는 많은 분량이 공간(公刊)되는 것은 처음인 만큼 여러 가지 측면에서 의의가 적지 않으리라 판단된다.

임신본의 발문을 통하여 1512년(중종 7) 판각 당시에 조선 초기본을 구하여 활용하였음은 잘 알려져 있다. 실제 파른본을 임신본과 대조해 보면 이 점이 명확히 확인된다. 파른본은 획이 가늘고 정제된 글씨체이다. 그런데 임신본은 글자의 간격이나 필획의 각도가 파른본과 꼭같지만 획이 굵다. 또 파른본은 획이 꺾이는 곳이 부드러우나 임신본은 각지게 되어 있다. 이는 임신본이 조선 초기 책자를 그대로 활용하여 판각한 결과이다.

이미 서지 전문가가 검토하여 ① 조선 초기본의 완본을 해체하여 종이를 뒤집어서 판목에 붙이고 판각한 부분, ② 당시 경주부에 보관된 판목들 가운데 상대적으로 상태가 양호한 것을 그대로 인출(印出)한 부분을 구분한 판단이 나와 있다.[4] 그러나 세밀한 판단은 연구자마다 다를 여지가 없지 않다. 파른본 공간을 계기로 더 많은 연구자들이 검토하고 판단할 계기가 마련되었다고 할 수 있다.

신라통일기 이래로 곡식을 뜻할 때는 첫 가로획이 생략된 石이나 碩 자를 쓰고, 돌을 뜻할 때는 石 자를 온전히 갖추어 쓰는 경우가 많았다. 임신본에서도 이런 글자들이 더러 보이는데, 파른본의 기이제2 죽지랑조에서 石 자가 사용된 곳이 몇 군데 보인다. 이 글꼴이 사용된 곳은 파른본과 임신본이 일치한다.

그러나 몇 가지 글자는 차이를 보이는 경우도 있다. 기이 제1 고조선조의 '桓因'은 임신본에서는 桓国으로 되어 있어서 문맥이 어색함에도 불구하고 이를 국호로 오인하는 경우도 있었다. 그러나 파른본에는 桓因으로 되어 있다. 口 속의 士에 가까운 글자는 大를 흘려쓸 때 나타나는 글꼴임은 이미 지적되었고,[5] 고려대장경에서도 因 자가 이런 글꼴을 보이는 경우가 더러 있다. 따라서 파른본을 통하여 지금까지의 논란이 종식될 수 있으리

---

4 남권희, 2013, 앞의 논문, 70쪽에서는 ①과 ②를 세밀히 구분하여 제시하였다.
5 하일식, 2013, 앞의 논문, 123쪽.

라 생각된다.

이외에도 파른본에 더 선명하게 드러난 자획을 통하여, 기존에 임신본만으로 판단한 글자를 바로잡을 수 있는 경우도 있다. 일례를 들면 '文虎王法敏'조에는 안길이 "오늘 저 손님을 모시는 사람과 해로하겠다"고 하자 두 여인이 "차라리 같이 살지 못할지언정 어찌 다른 사람과 잠자리를 함께 하겠습니까(何以於人同宿)"라고 대답하는 장면이 있다. 임신본에는 於 자의 우변이 뭉개져 있으므로 지금까지 모든 교감본은 이 글자를 於로 추정하고 해석해왔다. 그러나 파른본에는 旅 자의 이체자로 판단할 수 있게 선명한 글꼴로 나온다. 이 구절의 번역 자체를 바로잡을 계기가 되는 것이다.

조선 초기의 원판(原板)을 쓰거나 번각판(飜刻板)을 만들어 제작한 것이 임신본이라고 해도, 파른본과 세밀하게 대조하면 더 정확하게 판단할 여지가 더러 있다. 특히 파른본과 대조하면 임신본 왕력은 번각판이 아니라 새로 판각한 것임이 확인된다. 그 이유가 복잡한 칸을 만들고 작은 글씨로 새겨야 했기 때문이었는지, 아니면 1512년 당시 경주부에서 확보한 조선 초기본 왕력의 상태가 좋지 못했기 때문인지는 알 수 없다. 어쨌든 임신본 왕력은 파른본 왕력과 전혀 다른 판본이므로 양자 사이에는 적지 않은 차이가 있다.

조선 초기본이 만들어진 뒤에 여러 지역으로 흩어져서 읽히다가, 1512년 경주부의 이계복(李繼福)이 어렵사리 구한 완질의 책자는 지금의 파른본보다 전반적으로 상태가 좋지 않았다. 특히 왕력은 파른본보다 매우 나쁜 상태였던 것으로 짐작된다. 파른본 왕력에서는 선명한 글씨로 확인할 수 있는 것들이 임신본에서는 엉뚱한 글자가 되어 있거나 확인하기 어려운 상태인 경우가 많기 때문이다.

파른본 왕력도 전체가 아주 선명하지는 않으며 오자(誤字)와 탈자(脫字)

도 없지 않다. 그러나 파른본을 통하여 임신본 왕력의 오류와 오탈자를 시정할 수 있는 부분이 많다. 예를 들면 김유신의 이름이 임신본에는 庾효으로 되어 있지만 파른본에는 庾信으로 정확히 새겨져 있다. 임신본 에는 김춘추의 아버지가 '龍春卓文(1자 공백)興葛文王'이라 되어 있지만, 파른본에는 '龍春角干文興葛文王'이라고 되어 있다.

『삼국사기』에는 김춘추가 즉위하면서 아버지 용춘을 문흥대왕으로 추봉(追封)했다고 기록되었다. 따라서 파른본을 바탕으로 여러 각도로 따져 볼 여지가 생겼다고 할 수 있다. 즉 용춘이 원래 갈문왕이었다가 김춘추 즉위 이후에 대왕으로 추봉되었는지, 아니면 갈문왕으로 추봉되었는데 시간이 흐르면서 대왕으로 전해지게 된 것인지, 대왕과 갈문왕이 통용되 는 호칭이었는지를 따져 생각할 여지가 생긴 것이다. 갈문왕의 성격과 관련하여 앞으로 새로 검토할 필요가 있다고 생각된다.

또 임신본에는 백제 무왕의 이름이 '或云武康獻丙'이라고 되어 있는데, 파른본에는 '或云武康名璋'이라고 새겨져 있다. 무왕의 이름을 분명하게 알려주는 경우이다. 한편 임신본은 진덕여왕의 어머니를 박씨 '奴？？(알 수 없는 2~3글자) 葛文王'의 딸이라고 했지만, 파른본을 보면 '奴角干追封 滿天葛文王'의 딸이라고 하였다. 인명에 해당하는 奴의 앞이나 뒤에 1글자 가 누락된 듯한 점은 임신본과 파른본이 공통된다. 그러나 파른본은 관등 과 이름이 선명하게 확인되므로 임신본의 결함을 바로잡을 수 있게 한다.

이외에도 파른본 왕력의 여러 곳에서 임신본을 보완하거나 교정할 구절들이 발견된다. 또 임신본의 어떤 장은 전체적으로 먹이 제대로 찍히 지 않아서 흐릿한 곳이 있으나, 파른본은 상대적으로 좋은 상태라는 것도 장점이다. 물론 임신본 왕력은 파른본과 같은 시기에 판각된 조선 초기본 을 저본으로 삼아 만들어진 만큼, 파른본과 임신본 왕력에서 동일한 오류 나 혼란도 발견된다. 그러나 임신본을 교정·보완할 여지가 더러 존재한다는 것 자체만으로도 파른본의 의의는 가볍지 않다.

끝으로 파른본과 같은 조선 초기본이 『삼국유사』의 초간(初刊)에 해당하는가 여부이다. 기존의 연구는 조선 초기본이 초간이라는 견해와 초간이 아니라는 견해가 나뉘어 있는데, 후자가 다수 견해로 판단된다. 해제자도 파른본의 왕력과 기이편을 검토하면서 초간일 가능성보다는 기존의 인쇄본을 참고하여 다시 제작했을 가능성이 크다고 생각한다. 적지 않은 오자를 포함하고 있고, 특히 글자 사이에 공백이 더러 남겨져 있는 점은 이런 판단을 뒷받침한다. 처음으로 종이에 정서하여 판목에 붙여 새겼다면 생겨나기 어려운 것이 문맥을 잘라놓는 공백이기 때문이다.

이런 여러 가지 문제들은 지금 공간하는 파른본을 직접 검토할 연구자들이 함께 해결해야 할 것들이다.

하일식 |연세대학교 사학과 교수|

파르본 삼국유사 교감

三國遺事 王曆 第一				
前漢宣帝	新羅			
五鳳 甲子 四	第一赫居世 姓朴卵 生年十			
甘露 戊辰 四	三甲子卽位理六十年姝[1] 娥伊英娥英國号徐羅			
黃龍 壬申 一	伐又徐伐或斯[2]或雞林一[3] 說至脱解王時始[4]置雞			
元帝	林之 号			
初元 癸酉 五				
永光 戊寅 五		高麗		
建昭 癸未 六	甲申築金城	第一東明王		
成帝		甲申立理十 八姓高名朱[5]		
建始 己丑 四		蒙一作鄒蒙 壇君之子		

---

1 姝은 妃의 오자. [壬]에는 姝로 되어 있음.
2 斯羅 또는 斯盧에서 뒷글자가 누락. [壬]도 동일.
3 [壬]에는 一자가 빠져 있으나 파른본은 선명.
4 姑에 가까운 글꼴로 판각되어 있음.
5 [壬]에는 年으로 되어 있음.

河平 癸巳 四				
陽朔 丁酉 四			1	
鴻嘉 辛丑 四		2		
		第二瑠璃王	百濟	
永始 乙巳 四		一作累利又[3]留 東明子立壬寅[4]	第一溫祚王	
元延 己酉 四		理三十六年 姓解氏	東明第三子王[5] 第二癸卯[6]在	
哀帝二			位四十五都[7]礼 城一云蛇川今杜[8]	
哀帝			山	
建平 乙卯 四			丙辰移都漢 山今廣州	
元壽 己未 二				
平帝		9		

---

1 [壬]에는 線의 흔적이 있으나 파른본은 보이지 않음.
2 [壬]에는 線의 흔적이 있으나 파른본은 보이지 않음.
3 [壬]에도 공백으로 되어 있음. 孺로 교감한 경우도 있음.
4 [壬]에는 '立壬寅'이 훼손. 파른본과 晩松本 등에는 선명함.
5 一云을 완전히 붙여서 王에 가까운 글꼴로 판각되었음. [壬]도 마찬가지.
6 '卯'자가 탈락되어 있음. [壬]도 마찬가지.
7 '慰'자가 탈락되어 있음. [壬]도 마찬가지.
8 [壬]은 社, 파른본은 杜에 가까운 글꼴. 稷의 오자로 추정.
9 [壬]에는 線이 선명하나 파른본은 없음.

元始 辛酉 七	羅第二南解次:雄	麗	濟	洛
孺子	父赫居世母閼英姓朴氏妃 雲帝夫人甲子立理二十年	癸亥 移都國內城亦		
初始 戊辰 一[1]	此王位亦云居西干	云不而城		
新室				
建國 己巳 五				
天鳳 甲戌 六		第三大虎神王		
地鳳[2] 丙[3]辰 三	第三弩礼一作弩[4]尼叱今	名無恤一作味留姓解氏瑠璃		
更始 癸未 二	父南解母雲帝妃辭要王之女金氏甲申立理	王第三子戊寅立理二十六年		
後漢 虎帝	二[5]十三年尼叱今或作尼師今			
建虎 乙酉 三十一		第四閔中王 名色	第二多婁王	駕洛國 一作伽耶今金州
		朱姓解氏大虎之子甲辰立理四年	溫祚第二子戊子立理四十九	首露王 壬寅三[6]月卯生

---

1 [壬]에는 二로 되어 있음.

2 皇의 오자임.

3 庚의 오자임.

4 [壬]에는 弩로 되어 있음

5 [壬]에는 三으로 되어 있음. 印出할 때 먹이 묻지 않아 생긴 오자로 보임.

6 [壬]에는 二로 되어 있음.

		第五慕本王	年[1]	是月卽位理一百五十八年因
		閔中之兄名愛留一作憂戊申立理五年		金卵而生故姓金氏開皇曆載
		第六國祖王		
中元丙辰二	第四脫解一作吐解尼叱今	名宮亦云大祖王癸丑立九		
明帝	昔氏父琓夏國含達婆王一作花夏國王母積女	十三年後漢傳云初生開目能		
永平戊午十七[2]	國王之女妃南解王之女阿老夫人丁巳立理二十三	視後遜位于母弟次大王		
章帝	年王崩水葬末召[3]疏井丘中塑骨安東岳今東岳大王			
建初丙子十八[4]	第五婆娑尼叱今姓朴氏父		第三己婁王	
元和甲申三	弩礼王母辭要王之女妃史肖夫人庚辰立理三[5]十二年		多妻子丁丑立理五十五[6]年	
章和丁亥二				
和帝				

---

1 [壬]에는 없으나 파른본에는 칸을 다르게 나눈 선이 보임.
2 八의 오자임.
3 [壬]에는 召 자가 누락되어 있음.
4 十八은 八의 오자임.
5 [壬]에는 三 자가 공백으로 되어 있음.
6 一의 오자임.

			羅	麗	濟	洛
永元	己丑	十七				
殤帝						
元興	乙巳					
安帝						
延平	丙午					
永初	丁未	七	第六祇磨尼叱今			
元初	甲寅	六	一作祇味姓朴氏父婆娑 [1]母史肖夫人妃磨帝国			
英寧	庚申		王之女[2]礼夫[3]一作愛 礼金氏壬子立理二十三			
建光	辛酉		年是王代滅音汁只[4] 國今安康及押[5]梁国			
迎[6]光	壬戌	四	今[7]山			
順帝						

---

1 1글자분의 여백. [壬]도 마찬가지.

2 1글자분의 여백. [壬]도 마찬가지.

3 [壬]에는 丈에 가까운 글꼴로 되어 있음.

4 [壬]에는 質. 『삼국사기』에는 音汁伐國으로 되어 있는데, 세로쓰기에서 아래 위로 붙은 글자가 혼란을 일으킨 것으로 판단됨.

5 押의 좌변이 土로 된 것은 [壬]과 동일.

6 延의 오자임.

7 今은 [壬]에는 수의 글꼴로 되어 있음. 판각의 편의로 발생한 차이. 今 뒤에 梁자가 누락된 것으로 추정되는데, [壬]도 마찬가지.

永建 丙寅 六	第七逸聖尼叱今		第四蓋婁王
陽嘉 壬申 四	父弩礼王之兄或云祇磨王妃[1]礼夫人日知		己妻子戊辰立理三十八年
永和 丙子 六	萬文王之父[2]礼夫人[3]磨王之女母伊		
漢安 壬午 二	刊[4]生夫人或云[5]王[6]夫人朴氏甲戌立理二		
建康 甲申	十年		
冲帝			
永嘉 乙酉			
帝[7]			
本初 丙戌		第七次大王 名逢	
桓帝		[8]国祖王母弟[9]丙戌立十九年[10]	
建和 丁亥 三			

---

1 1글자분의 공백이 있음. [壬]도 마찬가지.

2 2글자분의 공백이 있음. [壬]과 마찬가지.

3 1글자분의 공백이 있음. [壬]도 마찬가지. 祇가 들어갈 자리로 추정.

4 利의 오자인데 [壬]도 동일한 오자로 되어 있음.

5 父는 女의 오자임. 뒤에 2글자분의 공백이 있음. [壬]도 마찬가지.

6 [壬]도 王으로 되어 있으나 바로 앞의 伊刊生이란 인명으로 보아 生의 오자로 추정.

7 [壬]에도 공백으로 되어 있음. 質이 누락된 것으로 추정.

8 1글자분의 여백이 있음. 『삼국사기』를 참고하여 成이 누락된 것으로 추정.

9 1글자분의 여백이 있음. 也가 누락된 것으로 추정.

10 [壬]에는 年이 누락되어 있음.

和平 庚寅	羅	麗	濟	洛
元嘉 辛卯 二		1		
永興 癸巳 二	第八阿達羅尼叱今			
永壽 乙未 三		乙巳 国祖王年百十九歲兄 二王俱見弑于新王		
延熹 戊戌 九	又與倭国相 嶺	第八新大王 名	第五肖古王 一作	
永康 丁未	立峴今彌勒大院東嶺是也	一作伯句乙巳立理十四年	素古盖妻子丙午立理五十年	
靈帝				
建寧 戊申 四				
熹平 壬子 六				
光和 戊午 六		第九故国川王		
中平 甲子 五	第九伐休尼叱今	名男虎或云夷謨已立		

---

1 [壬]에는 이 면에 국가별 구분선이 없음. 파른본만 선명히 구분선을 판각했음.

2 1글자분의 공백이 있음. 弟로 추정.

3 相 자는 [壬]에는 우변이 貝로 되어 있음. 그뒤로 4글자 이상의 누락이 있음. [壬]도 마찬가지.

4 8글자 이상의 누락이 있음. [壬]도 마찬가지.

5 1글자분의 공백이 있음. [壬]도 마찬가지. 『삼국사기』를 참조하여 伯으로 추정.

6 1글자분의 공백이 있음. [壬]도 마찬가지. 『삼국사기』를 참조하여 固로 추정.

7 1글자분의 공백이 있음. 未로 추정.

洪農又獻帝		理二十年國川 亦曰國壤乃葬 地名		
永漢 己巳				
初平 庚午 四				
興平 甲戌 二				
建安 丙子 [2]	第十奈 [3]尼叱今	第十 [4]	第六仇首王	第二居登王
曹魏文帝			一作貴須 [5] [6]之子甲午立	首露子母 許皇后己
黃初 庚子 七			理二十 一年	卯立理五十 五年姓金氏
明帝	第十一助 [7]尼叱今			
大和 丁未 六		第十一東川王		
青龍 癸丑 四			第七沙泮王 一作	
景初 丁巳 三			沙 [8]仇首 之子立卽廢	

---

1 [壬]에는 이 면에 국가별 구분선이 없음. 파른본만 선명히 구분선을 판각했음.

2 二十四가 누락되어 있음. [壬]도 마찬가지.

3 解가 누락되어 공백으로 되어 있음. [壬]도 마찬가지.

4 山上王의 3글자가 누락. 印出 과정에서 빚어진 것인지, 판각에서 누락된 것인지는 판단할 수 없음. [壬]에는 山上王이 가필되어 있음.

5 2~3글자 정도의 공백. [壬]도 마찬가지. 肖古가 누락된 것으로 추정.

6 1~2글자 정도의 공백. [壬]도 마찬가지. 王이 누락된 것으로 추정.

7 賁이 누락. 인출 과정에서 생긴 것으로 추정. [壬]에는 賁이 선명함.

8 2글자분 정도 공백이 있음. [壬]에는 沙夷로 가필되어 있음.

齊王	羅	麗	濟	洛
正始 庚申 九	第十二理¹解尼叱今		第八古尒王 肖故	
嘉平 己巳 五	一作詁解王昔氏助賁王之同母弟也丁卯立		之母弟甲寅立理五十二年	
高貴鄉²	理十五年始與高麗通聘			
正元 甲戌³ 二				
甘露 丙子 四				
陳留王				
景元 庚辰⁴ 四	第十三末⁵鄒尼叱			
西晉虎帝	今一作味炤又末⁶祖又末⁷召姓金氏始立父仇			第三麻品王
泰始 乙酉 十	道葛文王母生乎一作述礼夫人伊⁸非葛文王	第十三西川王		父居登王母泉府卿申輔之
咸寧 乙未 五	之女朴氏妃諸賁王之女光明娘壬午⁹立理二十二年	名藥盧又若友庚寅		女慕¹⁰貞夫人己卯立

---

1 [壬]에도 理로 되어 있으나 沽의 오자임.

2 公 자가 누락. [壬]도 마찬가지.

3 戌의 오자임. [壬]도 마찬가지.

4 [壬]에는 辰庚으로 판각되어 있음.

5 未의 오자. [壬]에는 未로 되어 있음.

6 未의 오자임. [壬]에는 未로 바르게 되어 있음.

7 未의 오자임. [壬]에는 未로 바르게 되어 있음.

8 파른본에는 伊로 되어 있으나 [壬]에는 어색한 글꼴로 되어 있음.

9 [壬]에는 壬午가 耂로 되어 있으나 파른본에는 정확히 판각됨.

10 파른본의 慕 자는 [壬]에는 言今으로 되어 있음. 파른본이 정확하리라 추정.

大康 庚子 十一	第十四儒禮尼叱今	立理二 十年	第九責稽王	理三 十二年
惠帝	一作世里智王昔氏父諸 賁母 ¹召夫人朴氏甲辰		第十四烽上王	一 云 古尓子一作青 替誤丙午立²
元康 辛亥 九	立治十五年 補築月城	雉葛³王名相夫 壬子立治八年		治十 二年
永寧 庚申 二	第十五基臨尼叱今		第十汾西王	責 稽 第四居叱弥
大安 壬戌 二	一作基立王昔氏諸賁 王之弟⁴二子也母阿尓 ⁵	第十五美川王	子戌午立 治六年	王 一作今勿父 麻品母好仇
永興 甲子 三	夫人戌午立 治十二年	一云好壤名乙 弗又漫弗庚申	第十一比流王	辛亥立治 五十五年
光熙 丙寅	丁卯年定⁶国号曰新⁷羅 新者德業日新羅者	立理三 十一年	仇者⁸弟⁹二子沙 泮之弟也甲子	
懷帝	網羅四方之民¹⁰云或 系智證法興之世		立治四 十年	
永嘉 丁卯 六	第十六乞解尼叱今			
愍帝	昔氏父¹¹老音角干 卽奈¹²解王第二子也			
建興 癸酉 四	庚午立治¹³十六年是王 伐¹⁴百濟兵始來侵			

---

1 1글자분의 공백이 있음. [壬]도 마찬가지.

2 烽上王과 責稽王 기술은 1칸씩 밀려서 잘못 판각되어 있음. [壬]도 마찬가지.

3 파른본에는 葛 자에 가까운 글꼴이나 [壬]에는 葛王을 세로쓰기한 글꼴로 되어 있음.

4 第의 오자임.

5 1글자분의 공백이 있음. [壬]도 마찬가지.

6 定 자는 [壬]에는 是에 가까운 글꼴로 되어 있음.

7 [壬]에는 新이 斯로 되어 있음.

8 파른본과 [壬] 모두 者에 가까운 글꼴이나 首의 오자임.

9 第의 오자임. [壬]도 마찬가지.

10 [壬]에는 氏에 가까운 글꼴임.

11 于의 오자. [壬]에도 子로 되어 있음.

12 [壬]에는 察에 가까운 글꼴로 되어 있음.

13 四 자가 누락됨. [壬]도 마찬가지.

東晉中宗	羅	麗	濟	洛
建虎 丁丑				
大興 戊寅 四				
明帝				
永昌 壬午				
大寧 癸未 三				
顯宗				
咸和 丙戌 九	己丑始築碧骨堤周[1]万七千二十六步	第十六國原王		
咸康 乙未 八	[2]百六十六步水日[3]一万四千七十[4]	名釗又斯由或云岡上[5] [6]辛卯立理四十年		
康帝		[7]增築平壤城		
建元 癸卯 二		壬寅八月移都安市城卽	第十二契王 汾西元子	

---

14 代의 오자. [壬]도 마찬가지로 오자임.

1 1글자분의 공백이 있음. [壬]도 마찬가지.

2 2글자분 이상의 공백이 있음. [壬]도 마찬가지.

3 田의 오자. [壬]도 마찬가지로 오자임.

4 글자의 누락이 있으리라 추정됨.

5 國原王 설명은 백제 칸을 침범하여 판각되었음. [壬]도 마찬가지.

6 1글자분의 공백이 있음. [壬]도 마찬가지. 王 자가 들어갈 곳으로 추정.

7 2글자분의 공백이 있음. [壬]도 마찬가지. 『삼국사기』를 참고하여 甲午로 추정.

[1]宗		[2]都城	甲辰立 理二年	
永和 乙巳 十二		第十七奈勿麻立干		第十三近肖古王	第五伊品王
昇平 丁巳 五	一作[3]王金氏父仇道 葛文王一作未召王之		比流第二子丙午 立理二十九年	父居叱旀母 阿志丙午立
哀帝	弟[4]角干母[5] [6]金氏丙辰立理四			理六 十年
隆和 壬戌	十六年陵在占 星臺西南			
興寧 癸亥 三				
廢帝				
大和 丙寅 五				
簡文帝		第十七小獸林		
咸安 辛未 二[7]		王 名丘夫辛未 立理十三年	辛未移都 北浦[8]山	
烈宗			第十四近仇首王	近肖古之子也 乙亥立理九年

---

1 1글자 누락, 우상단에 殘劃이 있음. [壬]은 완전 공백. 東晉의 孝宗에 해당함.

2 1글자 누락. 丸都城으로 추정.

3 2글자분의 공백이 있음. [壬]도 마찬가지.

4 2글자분의 공백이 있음. [壬]도 마찬가지. 『삼국사기』 참조, 末仇로 추정.

5 2글자분의 공백이 있음. [壬]도 마찬가지. 『삼국사기』 참조, 休禮로 추정.

6 2글자분의 공백이 있음. [壬]도 마찬가지. 『삼국사기』 참조, 夫人으로 추정.

7 [壬]에는 一로 되어 있음.

8 浦는 漢의 오자로 추정. [壬]도 마찬가지.

	羅	麗	濟	洛
寧康^{癸酉}三				
大元^{丙子}二十一		第十八國壤王	第十五枕流王	
		名伊速又於只支 甲申立治八年	近仇首子 甲申立	
安帝		第十九廣開[1]王	第十六辰斯王	枕流王弟乙酉立治七年
隆安^{丁酉}五		名談德壬辰立治二十一年	第十七阿莘王	一作阿芳辰斯子壬辰立治十三年
元興^{壬寅}三	第十八實聖麻立干	一作實主王又宝金文[2]末[3]鄒王大西	第十八腆支王	一作眞支王名映阿莘子乙巳立治十五年
	知角干[4]礼生夫人昔氏登也阿干[5]也妃阿留夫人壬寅立治十五[6]王卽鴉述之父		[7]	
義熙^{乙巳}十四	第十九訥祇麻立干[7]_{一作}	第二十長壽王		第六坐知王
恭帝	內只王金氏文[8]奈勿王母內礼希夫人金氏未[9]鄒王女丁	名臣[10]癸丑立治七十九年		一云金吐[11]王父伊品母眞信丁未立治
元熙^{己未}	巳立治四十一年			十四年
宋武帝				

---

1 土가 누락됨. [壬]도 마찬가지.
2 父의 오자임. [壬]에는 又文으로 되어 있음.
3 未의 오자임. [壬]도 마찬가지.
4 1글자분의 누락이 있음. [壬]도 마찬가지. 母로 추정.
5 1글자분의 누락이 있음. 女로 추정.
6 年자가 누락됨. [壬]도 마찬가지.
7 實聖麻立干 설명은 백제칸까지 이어 판각하였음. [壬]도 마찬가지.
8 文은 父의 오자. [壬]도 마찬가지.
9 未은 未의 오자. [壬]도 마찬가지.
10 1글자분 공백이 있음. 『삼국사기』에는 巨連.
11 叱의 오자임. [壬]도 마찬가지.

永初 庚申 三			第十九久尔辛王	第七吹希王
小帝			腆文[1]子庚申立治七年	一云金喜父坐知王母福辛酉立
景平 癸酉[2]				治三十年
文帝				
元嘉 甲子 二十九		丁卯移都平壤城		
世祖 癸巳 太初			第二十毗有王	第八銍知王
孝建 甲午 三	[3]		久尔辛子丁卯立治二十八年	一云金銍[4]希母仁德辛卯立
大明 丁酉 八	第二十慈悲麻立干 金氏父訥祗母阿老夫人一作次老		第二十一盖鹵王	治三十六年
大宗	夫人實聖王之女戊戌立治二十一年妃巴胡葛文王女一作未[5]叱希角干一作[6]角干女		一云近盖鹵王名慶司乙未立治二十年	
泰始 乙巳 八			十年	
後廢帝	始與吳國通己未年倭國兵來侵始築明活城入避來圍梁州二[7]城不克而還			

---

1 支의 오자임. [壬]도 마찬가지.
2 癸酉는 癸亥의 착오임.
3 慈悲麻立干 설명은 고구려 칸을 터서 판각했음.
4 1~2글자분 공백이 있음.
5 末은 未의 오자. [壬]에는 상단 ㅗ만 보임.
6 1~2자의 공백이 있음. [壬]도 마찬가지.
7 [壬]에는 二가 없음.

元徽 癸丑 四	羅	麗	濟	洛
順帝			第二十二文周王	
昇明 丁巳 二			一作文州[1] 盖鹵子乙卯 立移都熊川理二年	
			第二十三三斤王	
齊大祖	第二十一毗處麻立干作[2]		一作三乞王文周子 丁巳立理二年	
建元 己未 四	知王金氏慈悲王第三子 母末[3]欣角干之女己未		第二十四東城王	
永明 癸亥 十一	立理二十一年妃期 宝葛文王之女		名年[4]大一云麻 帝又餘大三	
廢帝		第二十一文咨明	斤王之堂弟[5]己 未立理二十六[6]年	第九鉗知王
高宗		王名明理好又个 雲又高雲壬申		父銍知王母邦 媛壬申立理
建虎 甲戌 四		立理二 十七年		二十 九年
永泰 戊寅	第二十二智訂麻立干[7]			

---

1 [壬]에는 州가 明으로 되어 있음.
2 作 앞의 一이 누락. 1글자분 공백이 있음. [壬]도 마찬가지. 炤가 누락된 것으로 추정.
3 未의 오자. [壬]에는 未로 판각됨.
4 牟의 오자임. [壬]도 마찬가지.
5 [壬]에는 弟로 되어 있음.
6 二의 오자임. [壬]도 마찬가지.
7 이 부분의 칸을 터서 판각한 것은 파른본과 [壬]이 같음.

永元 己卯 二	一作智哲老[1]又智度路王金氏父訥祇 王弟期寶[2]葛文王母烏生夫人訥祇王			
和帝	之女妃迎帝夫人儉攬代漢只登許[一[3]作] [4]角干之女庚辰立理十四年	第二十五虎寧王		
中興 辛巳 一	己上爲上古 己下爲中古		名斯摩即東城第二子辛巳立 理二十二年南史云名扶餘隆誤	
梁高祖			矣隆乃宝藏[5]王之 太子詳見唐史[6]	
天監 壬午 十八	第二十三法興名原宗金 王　氏冊[7]府元[8]	第二十二 安藏王		
	龜云姓募名秦父智訂 母迎帝夫人法興諡諡	名興安己亥 立理十二年	第二十六名明 聖王　穠	
普通 庚子 七	始乎此甲午立二十六年陵 在哀公寺北妃巴刀[9]夫人出		虎寧子癸巳[10] 立理三十一年	第十仇衡王　鉗知
大通 丁未 二	家名法流住永興寺始 行律令始行十齋[11]日禁	第二十三名宝迎辛亥 安原王　立理十四年		子母[12]女辛丑立 理十三年中大通
中大通 己酉 六	殺度人[13]　建元丙辰　是年始置 爲僧尼　　　年号始此			四年壬子納 土投羅
大同 乙卯 十一	第二十四眞名彡麥宗一[14] 興王　作深[15]金	第二十四 陽原王　戊午　移都泗沘 　　　　　稱南扶余		自首露王壬寅 至壬子合四百九十年
中大同 丙寅	氏父即法興之弟立宗[16]葛文 王母只召夫人一作息道	一云陽崗王 名平 成乙丑立理 十四年		國除

1　[壬]에는 老 대신 名 자가 판각되어 있음.

2　[壬]은 약자 宝로 판각되었으나 파른본에는 정자 寶로 선명히 판각되었음.

3　[壬]에는 一 자가 없음.

4　1글자분의 공백이 있음. [壬]도 마찬가지.

5　[壬]에도 宝藏으로 되어 있으나 명백히 義慈의 착오임.

6　[壬]에는 吏로 되어 있음.

7　[壬]에는 明으로 되어 있음. 파른본도 冊에 가까운 글꼴이지만 가로획이 둘 있어서 明으로 착각하기 쉬운 글꼴로 판각되어 있음.

8　[壬]에는 山으로 되어 있음.

9　[壬]에는 巴刀가 日丑으로 되어 있음.

10　卯의 오자임. [壬]도 마찬가지.

11　[壬]에는 行으로 되어 있음.

	羅 夫人朴氏年[1]梁里英[2] 史伯[3]口之女終時亦	麗	濟	
大清 丁卯 三	剃[4]髮而卒庚申 立理三十七年			
簡文帝				
大寶 庚午				
侯景				
大始 辛未	開國 辛未 十七			
承聖 壬申 四				
敬帝			第二十七威德	
紹泰 乙亥			王 名昌[5]又明甲戌 立理四十四年	
大平 丙子 一				
陳高祖				

---

12 1글자분 공백이 있음. 『駕洛國記』를 참조, 淑으로 추정.

13 [壬]에는 人이 누락되어 있음.

14 [壬]에는 一이 누락되어 있음.

15 1글자분 공백이 있음. 參宗이 들어가야 할 것으로 추정됨. [壬]도 마찬가지.

16 흐리게 宗에 가까운 글꼴임. [壬]에는 선명하게 宋으로 되어 있음.

1 年의 오자임. [壬]은 자획 불분명.

2 [壬]에는 父 또는 必에 가까운 글꼴로 되어 있음.

3 伯은 角을 흘려쓰며 轉寫되는 과정에서 나타난 착오. 口는 缺字 처리한 자리로 추정됨(하일식, 2013, 「삼국유사 파른본과 임신본의 비교 검토」, 『東方學志』162, p.127). 伯□는 角干에 해당하는 글자로 추정. [壬]에도 伯口.

4 [壬]에는 刺로 되어 있음.

5 [壬]에는 高에 가깝게 판각되었음.

永定 丁丑 三				
文帝		第二十五平原王		
天嘉 庚辰 六		一作平岡¹名陽城 南史²云高陽己卯		
天康 丙戌		立理三 十一年		
光大 丁亥 二				
宣帝	大昌 戊子 四			
大建 己丑 十四	鴻濟 壬辰 十二			
	第二十五眞³智王	名舍輪⁴一作金輪⁵金氏父眞興母英失角⁶干之女息途⁷一作色刀夫人朴氏妃知⁸刀夫		
	人起烏公之女朴氏丙申⁹ 立理四年陵在哀公寺北¹⁰			
	第二十六眞平王	名白淨父銅輪王一云東輪¹¹ 大子母立宗葛文王之女		
	万呼一云万寧夫人名行義先¹² 妃摩耶夫人金 氏名福肹口¹³後妃僧滿夫人孫氏己亥立			

---

1 [壬]에는 國으로 되어 있음.
2 [壬]에는 南史가 動之로 되어 있음.
3 [壬]에는 具로 되어 있음.
4 [壬]에는 金輪이 金翰으로 되어 있음.
5 [壬]에는 舍輪이 金翰으로 되어 있음.
6 [壬]에는 英失角 3글자가 末氏尼에 가까운 판별하기 어려운 글자로 되어 있음.
7 [壬]에는 途가 공백으로 되어 있음.
8 [壬]에는 如로 되어 있음.
9 [壬]에는 丙申이 알아볼 수 없는 글자로 되어 있음.
10 [壬]에는 "理四年陵在哀公寺北"이 "君四年治裏善北"으로 판각되어 있음.
11 '白淨父銅輪王一云東輪'이 [壬]에는 '皇地諡輪王云東語'로 혼란스럽게 판각되어 있음.

至德 癸卯 四	羅 [1]	麗	濟
禎明 丁未 三			
隋文帝		第二十六嬰湯[2]	
開皇 庚戌[3] 十一[4]		王 一云平湯[5]名元 一云大元庚戌	第二十八惠王
仁壽 辛酉 四		立治二[6] 十八年	名季一云獻王威[7] 德子戊午立
煬帝			第二十九法王
大業 乙丑 十二			名孝順又宣惠 王子己未立
恭帝			第三十武王
義寧 丁丑			或云武康名璋[8] 小名薯■庚[9]
唐大祖			申立治四 十一年
武德 戊寅 九		第二十七榮留	

---

12 [壬]에는 先이 꿈에 가까운 글꼴로 되어 있음.

13 口는 글자가 아니라 缺字를 표시하는 □로 판단됨. [壬]도 마찬가지.

1 '理~年'의 문장이 누락. [壬]도 마찬가지.

2 [壬]에도 湯으로 되어 있음. 陽의 오자로 추정.

3 辛丑의 착오.

4 二十의 오자임. [壬]도 마찬가지.

5 陽의 오자임. [壬]도 마찬가지.

6 [壬]에는 三으로 되어 있음. 三이 오자.

7 [壬]에는 武에 가까운 글꼴로 우변이 戈처럼 되어 있으나 파른본에는 威가 선명함.

8 '名璋'은 [壬]에는 '獻丙戌'로 되어 있음.

9 '薯■庚'은 [壬]에는 '一耆(?)篩(?)德'이라는 알 수 없는 글자로 되어 있음. 파른본이 부분의 ■는 잘못 새긴 글자를 파내고 네모꼴로 補入한 곳으로 추정됨.

大宗			王	名[1]又建 成[2]戊寅立治
貞觀 丁亥 廿三	第二十七善德女王	名德曼父眞平王母麻 耶夫人金氏聖骨男尽	二十 四年	第三十一義慈
		故女王立王之匹飲葛文王 仁平甲午立治十四年	第二十八宝藏王	武王子辛丑立 治二十年
高宗	第二十八眞德女王	名勝曼金氏父眞平王 之弟国眞[3]安葛文王母	壬寅立治 二十七年	
永徽 庚戌 六		阿尼夫人朴氏奴角干追[4]封滿天葛文王之 女也或云月明非也丁未立 治七年		
大和 戊申 六[5]		已上中古聖骨 已下[6]下古眞骨		
	第二十九大宗武烈王	名春秋金氏眞智 王子龍春角干文[7]		
現慶 丙辰 五		興葛文王之子也龍春一作龍樹母天明夫人諡文[8] 眞[9]大[10]后眞平王之女也妃訓帝夫人諡文明王		庚申国除自溫 祚癸卯至庚申
龍朔 辛酉 三		后庚信[11]之妹小名文 熙也甲寅立治七年		六百七 十八年
麟德 甲子 二	第三十文武王	名法敏大宗之子也母訓帝 夫人妃慈義一作訥王后善品		
乾封 丙寅 二		海干[12]之女辛酉立治二十 年陵在感恩寺東[13]海中		

1 2글자분 공백이 있음. [壬]도 마찬가지.

2 成은 武의 오자. [壬]에는 歲에 가까운 글꼴로 판각되어 있음.

3 眞은 [壬]에는 其로 판각되었음.

4 [壬]에는 奴 뒤에 1글자에 못미치는 여백이 있음. '角干追封滿天'은 [壬]에서는 '追??大'로 알 수 없는 글꼴로 판각되었음.

5 二의 오자임. [壬]도 마찬가지.

6 [壬]에는 上으로 되어 있음.

7 '角干文'은 [壬]에는 卓文 2글자 뒤에 여백이 있는 모습으로 판각되었음. 卓은 角干을 세로로 흘려쓰면서 轉寫되는 과정에서 생긴 착오로 판단됨(하일식, 2013, 앞의 글, p.126).

8 文은 [壬]에 又로 되어 있음.

9 [壬]에도 眞에 가까운 글꼴임. 貞의 오자로 추정됨.

10 大는 [壬]에 文 또는 丈에 가까운 글꼴로 판각되어 있음.

11 庚信은 [壬]에는 庚立으로 판각되었음.

	羅	麗 戊辰 國	濟
總章 戊辰 二	羅		
咸亨 庚午 四		除 自東明甲申至戊辰	
上元 甲戌 二		合七百五年	
儀鳳 丙子 三			
調露 己卯			
永隆 庚辰			
開耀 辛巳	第三十一神文王 金氏名政明字日炤父文虎王母慈訥王后妃		
永淳 壬午	神穆王后金運公之女辛巳立理十一年		
虎后			
洪道 癸未			
文明 甲申			

---

12 [壬]에는 于로 판각되었음.

13 [壬]에는 正字 東으로 판각되었으나, 파른본에서는 东으로 되어 있음.

垂拱 乙酉	四		
永昌 乙丑	一		
周			
天授 庚寅	二		
長壽 壬辰	二	第三十二孝昭王	名理恭人[1]一作洪金氏父神文王母神穆王后壬辰立理十年陵在望德寺東
延載 甲午			
天冊 乙未			
通天 丙申			
神功 丁酉			
聖曆 戊戌	二		
久視 庚子	[2]		

---

1 人은 잘못 들어간 글자임. [壬]도 마찬가지.
2 [壬]에는 二로 되어 있음. 久視는 1년으로 끝남.

長安 辛丑 四[1]	羅第三十三聖德王	名興光本名隆基孝昭之母弟也先妃陪昭[2]王后諡嚴貞元大[3]之女也後妃占勿王后諡炤
中宗	德順无[4]角干之女壬寅立理三十五年陵在東村南一云楊長谷	
神龍 乙巳 二		
景龍 丁未 三		
睿宗		
景雲 庚戌 二		
玄宗		
先天 壬子		
開元 癸丑 二十九	第三十四孝成王	金氏名承慶父聖德王母炤德大后妃惠明王后眞宗角干之女丁丑立理五年法流寺火葬骨散東海[5]
天寶 壬午 十四	第三十五景德王	金氏名憲英父聖德母炤德大后先妃三毛夫人出宮无後後妃滿月夫人諡景垂王后垂一作穆依忠角干之女
肅宗	壬午立理二十三年初葬頃只寺西岑鍊石爲陵後移葬楊長谷中	

---

1 [壬]에서는 四가 오른쪽 선을 넘어 판각되었음.
2 昭의 좌변이 火에 가까운 글꼴. [壬]에는 좌변이 上에 가깝게 판각되었음.
3 1글자분의 공백이 있음. [壬]도 마찬가지.
4 元의 오자임. [壬]도 无 자로 되어 있음.
5 孝成王, 景德王에 대한 설명은 [壬]과 다른 글자가 없음. 그러나 작은 글씨의 설명문은 행을 바꾼 곳에 1글자 차이가 있음.

至德 丙申 二		
乾元 戊戌 二		
上元 庚子 二		
寶應 壬寅 一		
代宗		
廣德 癸卯 二		
永泰 乙巳	第三十六惠恭王	金氏名乾運父景德母滿月王后先妃神巴夫人魏正角干之女 [1]妃昌昌夫人金將角干之女乙巳立理十五年
大曆 丙午 十四		
德宗		
建中 庚申 四	第三十七宣德王	金氏名亮相父孝方海干追封開聖大王卽元訓角干之子母四召夫人謚 [2]懿大后聖德王之女妃具足王后狼
興元 甲子	品角干之女 庚申立理五年[3]	

---

1 1글자분의 공백이 있음. [壬]은 공백 없음.

2 1글자분의 공백이 있음. [壬]도 마찬가지.

3 宣德王에 대한 설명도 [壬]과 행을 바꾼 곳에 차이가 있음.

貞元 乙丑 二十	羅第三十八元聖王	金氏名敬愼一作敬信唐書云敬則父孝讓大阿干追封明德大王母仁 ¹一云知烏²夫人諡昭文王	
		后昌近伊巳³之女妃淑貞夫人神述角干之女乙丑立理十四年陵在鵠寺今崇福寺有也⁴致⁵遠所 ⁶碑	
順宗		第三十九昭聖王	一作昭成王金氏名俊邕父惠忠大子母聖穆大后妃桂花王后夙明公女己卯立而崩
永貞 乙酉		第四十哀莊王	金氏名重熙一云淸明父昭聖母桂花王后辛卯⁷立理十年元和四年己丑七月十九日王之叔父憲德興
憲宗		德兩伊干所害而崩	
元和 丙戌 十五	第四十一憲德王	金氏名彦升⁸昭聖之母弟妃貴勝娘諡皇娥王后忠恭角干之女己丑立理十九年陵在泉林村北	
穆宗			
長慶 辛丑 四			
敬宗			
寶曆 乙巳 二	第四十二興德王	金氏名景暉憲德母弟妃昌花夫人諡定穆王后昭聖之女丙午立理十年陵在安康北比火壤與妃昌花合	
文宗		葬	

---

1 1글자분의 공백이 있음. [壬]도 마찬가지.

2 [壬]에는 烏로 되어 있음.

3 [壬]에도 伊巳. 伊干의 오자인 듯.

4 '有也'는 '也有'의 글자 순서가 바뀐 듯. [壬]도 마찬가지.

5 致는 [壬]에는 式에 가까운 글꼴로 판각되어 있음.

6 1~2글자분의 공백이 있음. [壬]은 1글자분 공백 뒤에 효자가 있음.

7 辛卯는 庚辰의 잘못임.

8 升은 이체자를 썼음. [壬]도 마찬가지.

大和 丁未 九		
開成 丙辰 五	第四十三僖康王	金氏名愷隆一作悌顯父憲貞角干諡興聖大王一作[1]成礼英匝子也母美道夫人一作深乃夫人一云巴
		利夫人諡順成大后忠衍[2]大阿干之女也妃文穆王后忠孝角干之女一云重恭角干丙辰年立理二年
	第四十四閔 一作敏 哀王	金氏名明父忠恭角干追封宣康大王母追封惠忠王之女貴巴夫人諡宣懿 王后妃无[3]容皇后永公角干之女戊午立 至己未正月二十二日崩
	第四十五神虎王	金氏名佑[4]父均具[5]角干追封成德大王母貞[6]夫人追封祖礼英[7]惠康 大王妃[8]從一作繼大后[9]明海[10]之女己未四月立至十一月二[11]十三日崩
虎宗	第四十六文聖王	金氏名慶膺父神虎王母貞從大后妃炤明王后己未十一月立理十九年
會昌 辛酉 六		
宣宗		
大中 丁卯 十三	第四十七憲安王	金氏名誼靖神虎王之弟母昕明夫人戊寅立理三年
懿宗		
咸通 庚辰 十四	第四十八景文王	金氏名膺廉父啓明角干追封義[一作懿]恭大王卽僖康王之子也母神虎王之女光和夫人妃文資[12]后憲安王之女辛巳立理十四年

1 1글자분의 공백이 있음. [壬]도 마찬가지.

2 판별하기 어려운 글꼴임. [壬]도 동일한 글꼴. 衍 또는 行으로 판별하기도 함.

3 无에 가까운 글꼴로 되어 있음. [壬]도 마찬가지. 『삼국사기』에는 允容王后.

4 徵이 누락된 1글자분 공백이 있음. [壬]에는 가필된 듯.

5 具는 貞의 오자. [壬]도 마찬가지.

6 1글자분 누락이 있음. 『삼국사기』를 참고하면 矯가 누락된 것으로 추정.

7 1~2글자분의 공백이 있음. [壬]도 마찬가지.

8 1글자분의 공백이 있음. [壬]도 마찬가지. 貞의 누락.

9 1글자분이 공백이 있음. [壬]도 마찬가지.

僖宗	羅			
乾符 甲午 六	第四十九憲康王	金氏名晸父景文王母文資皇后一云		
廣明 庚子	義明王后乙未立理十一年			
中和 辛丑 四	第五十定康王	金氏名晃閔哀王之母弟丙午立而崩		
光啓 乙巳 三	第五十一眞聖女王	金氏名曼憲卽定康之同母妹也王		
昭宗	之匹 大角干追封惠成大王丁未立理十年丁巳遜位于小子孝恭王十二月崩			
文德 戊申	火葬散骨于年梁西卉一作未黄山			
龍紀 己酉			後高麗	
大順 庚戌 二			弓裔 大順庚戌始投北原	後百濟
景福 壬子 二			賊良吉屯丙辰都鐵圓城[今東州也]	甄萱 壬子始都光州
乾寧 甲寅 四	第五十二孝恭王	金氏名嶢父憲康王母文資王后丁巳立理十五年	丁巳移都松岳郡	

---

10 1글자분이 공백이 있음. [壬]도 마찬가지.

11 [壬]에는 一로 되어 있음

12 1글자분의 공백이 있음. [壬]도 마찬가지.

1 파른본과 [壬] 모두 日政 두 글자로 판각하였음.

2 『삼국사기』에는 경문왕의 둘째 아들로 되어 있음.

3 약간의 착란이 있는 듯. 『삼국사기』에는 진성왕의 이름이 曼으로 되어 있음. 憲康王과 定康王의 여동생이란 뜻에서 卽자가 잘못 들어간 것으로도 추정.

4 2글자분의 공백이 있음. [壬]도 마찬가지. '魏弘' 2글자가 들어갈 부분.

5 [壬]에는 年으로 되어 있음.

6 파른본과 [壬] 모두 卉에 가까운 글꼴로 판각되었음. 岳으로 추정하기도 함.

7 [壬]에는 一로 되어 있음.

光化 戊午 三	火葬師子寺北骨藏 于仇知堤東山脇	
天復 辛酉 三		辛酉稱 高麗
景宗		
天祐 甲子 三		甲子改国号摩 震置元虎泰
朱梁		
開平 丁卯 四	第五十三神德王 　朴氏名景徽本名秀宗 　母眞花夫人夫人之父順	
乾化 辛未 四	弘角干追諡成虎大王祖元屳[1]角干乃何[2]達王 之遠孫父文[3]元伊干追封興廉大王祖文官海	
末帝	干義父銳謙角干追封宣成大王妃資成王后一云懿 成又孝資壬申立理五年火葬藏骨于箴峴南	甲戌還 鐵原
貞明 乙亥 六	第五十四景明王 　朴氏名昇英父神德母資成妃 　長沙宅大尊角干追封聖僖[4]	大祖　戊寅六月崙 　　死大祖即位
龍德 辛巳 二	大王之子[5]大尊即水宗伊干之子丁丑立理七年 火葬皇福寺散骨于省等仍山西	于鐵原京 己卯移都松
後唐		岳郡是年創 法王慈雲

---

1 [壬]에도 屳(隣)으로 판각되어 있음.
2 阿의 오자임. [壬]도 마찬가지.
3 [壬]에는 父로 되어 있음.
4 僖 아래에 작은 글씨로 大 자가 있음. [壬]도 마찬가지.
5 子는 女의 착오. [壬]도 마찬가지.

同光 癸未 三	羅第五十五景哀王 朴氏名魏膺 景明之母弟也	麗 王輪內帝釈 舍那又創天	
明宗	母資成甲申 立理二年	禪院[卽普濟¹]新興 ²文殊通³地藏	
天成 丙戌 四	第五十六敬順王 金氏傅父孝宗伊干 追封神興大王祖官⁴	⁵前十大寺皆是年 所創庚辰乳岩下立油市故今俗	
長興 庚寅 四	角干⁶封懿興大王母桂娥 ⁷康王之 ⁸	利市云乳下十月創大興寺或系 壬午壬午又創日月寺或系辛巳甲申	
閔帝 末帝	乙未納土歸于⁹ 陵 ¹⁰ 東向洞	創外帝釋神衆院興国寺丁亥 創妙¹¹寺己丑創龜山庚寅安¹²	
清泰 甲午 二	自五鳳甲子至乙未 合九百九十二年		
石晉			乙未 萱一子神劍 簒父自立
天福 丙申 八		丙申統三	是年國除
			自壬子至此四十 四年而亡

---

1 [壬]은 膺으로 되어 있음.

2 1글자 분의 공백이 있음. [壬]도 마찬가지.

3 圓通에서 圓이 탈루된 것. [壬]도 마찬가지.

4 1글자분의 공백이 있음. [壬]은 공백 없이 판각되었음.

5 6글자분의 공백이 있음. [壬]도 마찬가지.

6 干의 좌변에 불완전한 氵가 있음. [壬]은 汗으로 판각되었음.

7 4~5글자분의 공백이 있음. [壬]에는 1글자분의 공백만 있음.

8 나머지 행의 누락이 있음. [壬]도 마찬가지.

9 흔히 '太祖太平興國三年戊寅薨'을 補入하지만, 于 이하는 누락이 있음. [壬]도 마찬가지.

10 3~4글자분의 공백이 있음. [壬]도 마찬가지.

11 1글자분 공백이 있음. [壬]은 공백없이 판각되었음.

12 이하 결락이 있을 것으로 추정. [壬]도 마찬가지.

前漢 高惠小文景虎昭宣元成哀平孺		
後漢 光明　殤安順　　桓靈農獻		
魏 晉 宋 齊 梁 陳 隋		
李唐 大 高則中睿玄肅代德順憲		
穆 文虎宣 僖昭景		
朱梁 後唐 石晉 劉漢 郭周		
大宋		

三國遺事 卷第一
紀異 卷第一

叙曰 大抵古之聖人 方其禮樂興邦 仁義設教 則怪力亂神
在所不語 然而帝王之將興也 膺符命 受圖籙 必有以異於人
者 然後能乘大變 握大器 成大業也

故河出圖 洛出書 而聖人作 以至虹繞神母而誕羲 龍感女
登而注[1]炎 皇娥遊窮桑之野 有神童自稱白帝子 交通而生小[2]
昊 簡狄[3]吞卵而生契 姜嫄履跡而生弃 胎孕十四月而生堯 龍
交大澤而生沛公 自此而降 豈可殫記

然則三國之始祖 皆發乎神異 何足怪哉 此紀異之所以漸[4]
諸篇也 意在斯焉

---

1 注는 生의 오자임.
2 小는 少의 오자임.
3 狄은 狄의 이체자임.
4 파른본에는 漸, [壬]에는 慚.

古朝鮮[王儉[1]朝鮮]

魏書云 乃往二千載有壇[2]君王儉[3]立都阿斯達[經云無葉山 亦云白岳 在白州地 或云在開城東 今白岳宮是] 開國號朝鮮 與高[4]同時

古記云 昔有桓囯[5][謂帝釋也] 庶子桓[6]雄 數意天下 貪求人世 父知子意 下視三危大[7]伯 可以弘益人間 乃授天符印三箇 遣往理之 雄率徒三千 降於太伯山頂[即太伯 今妙香山] 神壇[8]樹下 謂之神市 是謂桓[9]雄天王也 將風伯雨師雲師 而主穀主命主病主刑主善惡 凡主人間三百六十餘事 在世理化

時有一熊一虎 同穴而居 常祈于神雄願化爲人 時神遺靈艾一炷蒜二十枚曰 爾輩食之 不見日光百日 便得人形

熊虎得而食之 忌三七日 熊得女身 虎不能忌 而不得人身

---

1 儉은 㑤의 이체.
2 『帝王韻紀』 및 『世宗實錄』 地理志에서 인용한 『檀君古記』에는 檀.
3 儉은 㑤의 이체.
4 高는 고려 定宗의 이름 '堯'의 피휘.
5 파른본에는 囯, [壬]에는 囶. 『帝王韻紀』 및 『世宗實錄』 地理志에서 인용한 『檀君古記』에는 因. 파른본 口 내부의 土에 가까운 글자는 大 자를 흘려써서 판각할 때 나타나는 글꼴로, 고려대장경에도 동일한 글꼴의 囙 자가 보임.
6 『帝王韻紀』 및 『世宗實錄』 地理志에서 인용한 『檀君古記』에는 桓이 없음.
7 大는 太의 오자임.
8 『帝王韻紀』 및 『世宗實錄』 地理志에서 인용한 『檀君古記』에는 檀.
9 『帝王韻紀』 및 『世宗實錄』 地理志에서 인용한 『檀君古記』에는 桓이 없음.

熊女者無與爲婚 故每於壇[10]樹下 呪願有孕 雄乃假化而婚之
孕生子 號曰壇[11]君王俟[12]

以唐高[13]即位五十年庚寅[唐堯即位元年戊辰 則五十年丁巳 非庚寅也 疑其
未[14]實] 都平壤城[今西京] 始稱朝鮮 又移都於白岳山阿斯達 又名
弓[一作方]忽山 又今於[15]達 御國一千五百年 周虎[16]王即位己卯
封箕子於朝鮮 壇[17]君乃移於藏唐京 後還隱於阿斯達爲山神
壽一千九百八歲

唐裴矩傳云 高麗本孤竹國[今海州[18]] 周以封箕子爲朝鮮 漢分
置三郡 謂玄菟樂浪帶方[北帶方]通典亦同此說[漢書則眞臨樂玄四郡 今
云三郡 名又不同 何耶]

---

10 『帝王韻紀』및『世宗實錄』地理志에서 인용한『檀君古記』에는 檀.
11 『帝王韻紀』및『世宗實錄』地理志에서 인용한『檀君古記』에는 檀.
12 俟은 儉의 이체.
13 高는 고려 定宗의 이름 '堯'의 피휘.
14 파른본에는 未, [壬]에는 末.
15 扵는 彌와 상통함.
16 虎는 고려 惠宗의 이름 '武'의 피휘.
17 『帝王韻紀』및『世宗實錄』地理志에서 인용한『檀君古記』에는 檀.
18 파른본에는 州, [壬]에서는 글자 자획이 불분명함. [壬(고)]과 [壬(天)]에서는 자형이
   卅과 비슷함.

魏¹滿朝鮮

前漢朝鮮傳云 自始燕時 常²畧得眞番朝鮮[師古曰 戰國時³因始畧
得此地也] 爲置吏築障 秦滅燕 屬遼東外徼 漢興 爲遠難守 復修
遼東故塞 至浿水爲界[師古曰 浿⁴在樂浪郡] 屬燕

燕王盧綰反入凶⁵奴 燕人魏滿亡命 聚黨千餘人 東走出塞
渡浿⁶水 居秦故空地上下障 稍役⁷屬眞畨朝鮮蠻夷 及故燕齊
亡命者 王之都王俟⁸[李曰地名 臣瓚⁹曰 王俟¹⁰城在樂浪郡浿¹¹水之東] 以兵威
侵降其旁小邑 眞畨臨屯皆來服屬 方數千里 傳子至孫右渠
[師古曰 孫名右渠] 眞畨辰國欲上書見天子 雍閼不通[師古曰 辰謂辰韓也]
元封二年 漢使涉何諭右渠 終不肯奉詔 何去至界 臨浿¹²水

---

1 『史記索隱』, 『漢書補注』, 『魏略』에는 衛.
2 『史記』, 『漢書』에는 嘗. 常도 의미가 통함.
3 時 다음에 한 칸 비어 있음. 燕 자가 누락되었음.
4 浿는 浿의 오자임. [壬]도 마찬가지(이하 모두).
5 凶은 匈의 오자임.
6 浿는 浿의 오자임.
7 役은 役의 이체자임.
8 俟은 儉의 이체자임.
9 瓚은 瓚의 오자임.
10 俟은 儉의 이체자임.
11 浿는 浿의 오자임. [壬]도 마찬가지.
12 浿는 浿의 오자임. [壬]도 마찬가지.

使馺刺殺送何者朝鮮裨王長[師古曰 送何者名也] 即渡水 馺[13]入塞
遂歸報 天子拜何爲遼東之[14]部都尉 朝鮮怨何 襲攻殺何

天子遣樓舡將軍楊僕 從齊浮渤海 兵五万 尤[15]將軍荀彘出
遼 討右渠 右渠發兵距峽[16] 樓舡將軍將齊七千人 先到王侅[17]
右渠城守 規知樓舡軍小[18] 即出擊樓舡 樓舡敗走 僕失衆遁山
中獲免 尤將軍擊朝鮮淇[19]水西軍 未能破 天子爲兩將未有利
乃使衛山 因兵威 徃諭右渠 右渠請降 遣大[20]子獻馬 人衆万
餘栲[21]兵 方渡淇[22]水 使者及尤將軍疑其爲變 謂大[23]子 已服
宜[24]母[25]持兵 大[26]子亦疑使者詐之 遂不渡淇[27]水 復引歸 報天
子誅山 尤將軍破淇[28]水上軍 迺前至城下 圍其西北 樓舡亦
徃會 居城南 右渠堅守 數月未能下

---

13 馺는 馳의 오자임.
14 之는 東의 오자임.
15 尤는 左의 이체자임.
16 峽은 嶮의 이체자임.
17 侅은 僉의 이체자임
18 小는 少의 오자로 봄.
19 淇는 浿의 오자임.
20 大는 太의 오자임.
21 栲는 持의 이체자임.
22 淇는 浿의 오자임.
23 大는 太의 오자임.
24 宜는 宜의 이체자.
25 母는 毋의 오자임.
26 大는 太의 오자임.
27 淇는 浿의 오자임.
28 淇는 浿의 오자임.

天子以久不能決 使故濟南大²⁹守公孫遂徃正之 有便宜將³⁰
以從事 遂至 縛樓舡將軍 并其軍與左將軍 急擊朝鮮 朝鮮相
路人 相韓陶 尼谿相參 將軍王唊[師古曰 尼谿地名 四人也] 相與謀欲
降 王不肯之 陶唊路人 皆亡降漢 路人道死 元封三年夏 尼谿
相參 使人殺王右渠 來降 王侅³¹城未下 故右渠之大臣成巳³²
又反 左將軍使右渠子長 路人子最 告諭其民 謀殺成己 故遂
定朝鮮 爲眞畨 臨屯 樂浪 玄菟 四郡

---

29 大는 太의 오자임.
30 將은 得의 오자임.
31 侅은 儉의 이체자임.
32 己의 오자임.

馬韓

魏志云 魏滿擊朝鮮 朝鮮王準率宮人左右 越海而南至韓
地 開國 號馬韓 甄萱上大[1]祖書云 昔馬韓先起 赫世勃興 於是
百濟開國於金馬山

崔致遠云 馬韓麗也 辰韓羅也[據本紀 則羅先起甲子 麗後起甲申 而此云
者 以王準言之耳 以此知東明之起 已幷馬韓而因之矣 故稱麗爲馬韓 今人或認金馬山 以馬
韓爲百濟者 盖誤濫也 麗地自有[2]邑山 故名馬韓也]

四夷 九夷 九韓 穢貊 周禮職方氏掌四夷 九貊者 東夷之種
即九夷也 三國史云 溟州古穢國 野人耕田 得穢王印 献之
又春州古牛首州古貊國 又或云今朔州是貊國 或平壤城爲
貊國 淮南子注云 東方之夷九種 論語正義云 九夷者 一玄菟
二樂浪 三高麗 四滿飾 五鳧臾[3] 六素[4]家 七東屠 八倭人 九天
鄙 海東安弘記云 九韓者 一日本 二中華 三吳越 四乇羅 五鷹
遊 六鞨鞨 七丹國 八女眞 九穢貊

---

1 大는 太의 오자임.
2 有 다음에 馬자가 빠졌음.
3 史은 臾의 이체자인 듯.
4 素는 索의 오자임. 『爾雅』李巡의 注에는 索.

二府

　前漢書　昭帝始元五年己亥　置二外府　謂朝鮮舊地平那及
玄菟郡等　爲平州都督府　臨屯樂浪等　兩郡之地　置東部都尉
府[私曰　朝鮮傳　則眞畨玄菟臨屯樂浪等四　今有平那無眞畨　盖一地二名也]

七十二[1]國

　　通典云 朝鮮之遺民 分爲七十餘國 皆地方百里　後漢書云
西漢以朝鮮舊地 初置爲四郡 後置二府 法令漸煩 分爲七十
八國 各萬戶[馬韓在西 有五十四小邑 皆稱國 辰韓在東 有十二小邑 稱國 卞韓在南
有十二小邑 各稱國]

---

1 二는 八의 오자임.

樂浪國

前漢時 始置樂浪郡 應邵[1]曰 故朝鮮國也 新唐書注云 平壤城 古漢之樂浪郡也 國史云 赫居世三十年 樂浪人來投[2] 又第三弩禮王四[3]年 高麗第三無恤王 伐樂浪滅之 其國人與帶方 [北帶方] 投于羅 又無恤王二十七年 光虎[4]帝遣使伐樂浪 取其地爲郡縣 薩水已南屬[5]漢[據上諸文 樂浪即平壤城 宜矣 或云樂浪中頭山下靺鞨之界 薩水今大同江也 未詳孰是]

又百濟溫祚之言曰 東有樂浪 北有靺鞨 則殆古漢時樂浪郡之屬縣之地也 新羅人亦以稱樂浪 故今本朝亦因之 而稱樂浪郡夫人 又大[6]祖降女於金傅[7] 亦曰樂浪公主

---

1 邵는 劭의 오자임.
2 『삼국사기』 권1 신라본기 혁거세거서간 30년조에는 侵.
3 四는 十四의 오자임. 『삼국사기』 권1 신라본기 유리이사금조에는 十四.
4 虎는 고려 惠宗의 이름 '武'의 피휘.
5 尸 아래 자획은 잘 보이지 않음.
6 大는 太의 오자임.
7 傅은 傳의 오자임. [壬]에는 傳로 되어 있음.

北帶方

北帶方 本竹覃[1]城 新羅弩禮王四[2]年 帶[3]方人與樂浪人投于

羅[此皆前漢所置二郡名 其後僣稱國 今來降]

---

1 覃은 軍의 오자임. 『삼국사기』 권37 지리4에는 軍.
2 四는 十四의 오자임. 『삼국사기』 권1 신라본기 유리이사금조에는 十四.
3 글자 상부의 획이 잘 보이지 않음.

南帶方

曹魏時 始置南帶方郡[今南原府] 故云 帶方之南海水千里 曰
瀚海[後漢建安中 以馬韓南荒地爲帶方郡 倭韓遂屬 是也]

靺鞨[一作勿吉] 渤海

通典云 渤海夲栗¹未²靺鞨 至其酋柞³榮立國 自號震旦 先天中[玄宗王⁴子] 始去靺鞨號 專稱渤海 開元七年[己未] 柞⁵榮死 諡爲高王 世子襲立⁶ 明皇賜典冊襲王 私⁷改年號 遂爲海東盛國 地有五京十五府六十二州 後唐天成初 契丹攻破之 其後爲丹所制[三國史云 儀鳳三年 高宗戊寅 高麗殘孽⁸類聚 北依大⁹伯山下 國號渤海 開元二十年間 明皇遣將討之 又聖德王三十二¹⁰年 玄宗甲戌 渤海靺鞨 越海侵唐之登州 玄宗討之 又新羅古記云 高麗舊將柞¹¹榮姓大氏 聚殘兵 立國於大¹²伯山南 國號渤海 按上諸文 渤海乃靺鞨之別種 但開合不同而已 按指掌圖 渤海在長城東北角外]

賈耽郡國志云 渤海國之鴨涤南海扶餘橻城四府 並是高麗

---

1 栗은 粟의 오자임.
2 未는 末의 오자임.
3 柞은 祚의 오자임.
4 王은 壬의 오자임.
5 柞은 祚의 오자임.
6 立은 位의 오자임.
7 파른본에는 私, [壬]에는 松.
8 孼은 孽로 판단됨.
9 大는 太의 오자임. [壬]에는 太.
10 [壬(고, 天)]에는 二, [壬]에는 파내고 메운 흔적으로 글자는 불명.
11 柞은 祚의 오자임.
12 大는 太의 오자임.

舊地也 自新羅泉井郡[地理志 朔州領縣 有泉井郡 今湧州] 至栅城府 三十九驛

又三國史云 百濟末年 渤海靺鞨新羅分百濟地[據此 則鞨海又分爲二國也] 羅人云 北有靺鞨 南有倭人 西有百濟 是國之害也 又靺鞨地接阿瑟羅州

又東明記云 卒本城地連靺鞨[或云今東眞] 羅第六祗麻[13]王十四年[乙丑] 靺鞨兵大入北境 襲大嶺柵 過泥河

後魏書 靺鞨作勿吉 指掌圖云 挹屢[14]與勿吉皆肅愼也 黑水沃沮 按東坡指掌圖 辰韓之北 有南北黑水

按東明[15]帝立十年滅北沃沮 溫柞[16]王四十三[17]年 南沃沮二十餘家來投[18]新羅 又赫居世五十三[19]年 東沃沮來獻良馬 則又有東沃沮矣 指掌圖 黑水在長城北 沃沮在長城南

---

13 『삼국사기』권1 신라본기 지마이사금조에는 摩, 『삼국유사』권1 왕력에는 磨.
14 屢는 婁의 오자임. 『三國志』東夷傳에는 婁.
15 파른본과 [壬(天)]에는 明, [壬]에는 자획이 잘 안 보임.
16 柞은 祚의 오자임.
17 파른본에는 三, [壬]에는 二. 『삼국사기』권23 백제본기 온조왕 43년 기사임.
18 파른본과 [壬(고, 天)]에는 投, [壬]에는 자획이 불분명함.
19 파른본에는 三, [壬]에는 二. 『삼국사기』권1 신라본기 혁거세거세간 53년 기사임.

伊西國

弩禮王十四年 伊西國人來攻金城 按雲門寺古傳諸寺納田
記云 貞觀六年壬辰 伊西郡今郙[1]村零味寺納田 則今郙[2]村今
清道地 即清道郡 古伊西郡[3]

---

1 파른본에는 㕚 위에 점(、)이 찍혀 있음. [壬]에는 郙.
2 파른본에는 㕚 위에 점(、)이 찍혀 있음. [壬]에는 郙.
3 [壬]에는 郡 아래에 一이 추가로 있음.

五伽耶[按駕洛記贊云 垂一紫纓 下六圓卵 五歸各邑 一在茲城 則一爲首
露王 餘五各爲五伽耶之主 金官不入五數 當矣 而本朝史畧 並數
金官 而濫記昌寧 誤]

阿羅[一作耶]伽耶[今咸安] 古寧伽耶[今¹咸寧] 大伽耶[今高靈] 星山伽
耶[今京山 一²云碧珍] 小伽耶[今固城] 又本朝史畧云 大³祖天福五年庚
子 改五伽耶名 一金官[爲金海府] 二古寧[爲加利縣] 三非火⁴[今昌寧 恐高
靈之訛] 餘二阿羅星山[同前 星山或作碧珍伽耶]

北扶餘

古記云 前漢書¹宣帝神爵三年壬戌四月八日 天帝²降于訖
升骨城[在大遼醫州界] 乘五龍車 立都稱王 國號北扶餘 自稱名解
慕漱 生子名扶婁 以解爲氏焉 王後因上帝之命 移都于東扶
餘 東明帝繼北扶餘而興 立都于卒本州 爲卒本扶餘 即高句
麗之始[見下]

---

1 書는 잘못 들어간 글자임.
2 帝 다음에 子가 빠졌음. 『삼국유사』 권1 기이 고구려조에는 子.

東扶餘

北扶餘王 解夫婁之相阿蘭弗夢 天帝降而謂曰 將使吾子孫立國於此 汝其避之[謂東明將興之兆也] 東海之濱有地 名迦葉原 土壤膏腴 冝立王都 阿蘭弗勸王 移都於彼 國號東扶餘 夫婁老無子 一日祭山川求嗣 所乘馬至鯤淵 見大石 相對淚¹流 王怪之 使人轉其石 有小兒 金色蛙形 王喜曰 此乃天賚我令胤乎 乃收而養之 名曰金蛙 及其長 爲大²子 夫婁薨 金蛙嗣位爲王 次傳位于大³子帶素 至地皇三年壬午 高麗王無恤伐之 殺王帶素 國除

---

1 파른본에는 涙, [壬]에는 侠.
2 大는 太의 오자임. [壬]에는 太로 되어 있음.
3 大는 太의 오자임.

高句麗

　高句麗 即卒本扶餘也 或云今和州 又成州等 皆誤矣 卒本
州在遼東界 國史高麗本記云 始祖東明聖帝 姓言¹氏 諱朱蒙
先是 北扶餘王解夫婁 旣避地于東扶餘 及夫婁薨 金蛙嗣位
于時得一女子於大²伯山南優渤水 問之 云我是河伯之女 名
柳花 與諸弟出遊 時有一男子 自言天帝子解慕漱 誘我於熊
神山下鴨淥邊室中 知³之而徃不返[壇君記云 君與西河河伯之女要親 有産
子 名曰夫婁 今拠⁴此記 則解慕漱私河伯之女 而後産朱蒙 壇君記云 産子右⁵曰夫婁 夫婁與朱
蒙異母兄弟也] 父母責我無媒而從人 遂謫居于此 金蛙異之 幽閉⁶
於室中 爲日光所照 引身避之 日影又逐而照之 因而有孕 生
一卵 大五升許 王弃之與犬猪 皆不食 又弃之路 牛馬避之
弃之野 鳥獸覆之 王欲剖之而不能破 乃還其母 母以物裹⁷之

1　言은 高의 오자임.
2　大는 太의 오자임. [壬]에는 太.
3　知는 私의 오자임.
4　[壬(고)]은 拠, [壬]과 [壬(天)]은 글자의 우변이 불분명함.
5　右는 名의 오자임. 파른본에는 右, 규장각과 고려대 소장 [壬]에는 右의 가로획
　　일부가 없으며, 일본 천리대 소장 [壬]에서는 여기에 가필하여 名과 비슷하게
　　한 듯함.
6　[壬(고)]에는 閑. 閉의 오자임.
7　裹은 裹의 이체자임.

置於暖處 有一兒破殼而出 骨表英奇 年甫七歲 岐⁸嶷異常 自
作弓矢 百發百中 國俗謂善射爲朱蒙 故以名焉 金蛙有七子
常與朱蒙遊戲 技能莫及 長子帶素言於王曰 朱蒙非人所生
若不早圖 恐有後患 王不聽 使之養馬 朱蒙知其駿者 減食令
瘦 駑者善養令肥 王自乘肥⁹ 瘦者給蒙 王之諸子與諸臣將謀
害之 蒙母知之 告曰 國人將害汝 以汝才畧何徃不可 宜速圖
之 於是蒙與烏伊等三人爲友 行至淹水[今未詳] 告水曰 我是天
帝子河伯孫 今日逃遁 追者垂及 奈何 於是 魚鼈成橋 得渡而
橋解 追騎不得渡 至卒本州[玄菟郡之界] 遂都焉 未遑作宮室 但
結廬於沸流水上居之 國號高句麗 因以高爲氏[本姓解也 今自言是
天帝子 承日光而生 故自以高爲氏] 時年十二歲 漢孝元帝 建昭二年甲申
歲 即位稱王 高麗全盛之日二十一万五百八戶

珠琳傳第二十一卷載 昔寧稟離王 侍婢有娠 相者占之曰
貴而當王 王曰 非我之胤也 當殺之 婢曰 氣從天來 故我有娠
及子之産 謂爲不祥 捐圈則猪噓 弃欄則馬乳 而得不死 卒爲
扶餘之王[卽東明帝爲卒夲扶餘王之謂也 此□¹⁰夲扶餘 亦是北扶餘之別都 故云扶餘王
也 寧稟離乃□¹¹妻王之異稱也]

---

8 岐은 岐의 이체자임.
9 肥 다음에 者 자가 빠진 것으로 봄.
10 종이가 훼손되어 卒 자가 보이지 않음. [壬]에는 卒이 선명.
11 종이가 훼손되어 자획이 불분명함. [壬]에는 夫임.

卞韓 百濟[亦云南扶餘 即泗沘¹城也]

新羅始祖 赫居世即位十九年壬午 卞韓人以國來降 新舊
唐書云 卞韓苗裔在樂浪之地 後漢書云 卞韓在南 馬韓在西
辰韓在東 致遠云 卞韓 百濟也 按本記 溫祚之起 在鴻嘉四年
甲辰 則後於赫²世東明之世四十餘年 而唐書云 卞韓苗裔在
樂浪之地云者 謂溫祚之系 出自東明 故云耳 或有人出樂浪
之地 立國於卞韓 與馬韓等並峙者 在溫祚之前爾 非所都在
樂浪之北也 或者濫九龍山亦名卞那山 故以高句麗爲卞韓
者 盖謬 當以古賢之說爲是 百濟地自有卞山 故云卞韓 百濟
全盛之時 十五萬二千三百戶

---

1 沘는 沘의 오자임.
2 赫 다음에 居자가 빠졌음.

辰韓[亦作秦韓]

後漢書云 辰韓耆老自言 秦之亡人來適韓國 而馬韓割東界地 以與之 相呼爲徒 有似秦語 故或名之爲秦韓 有十二小國 各萬戶 稱國 又崔致遠云 辰韓夲燕人避之者 故取涿水之名 稱所居之邑里 云沙涿漸涿等[羅人方言 讀涿音爲道 故今或作沙梁 梁亦讀道]

新羅全盛之時 京中十七萬八千九百三十六戶 一千三百六十坊 五十五里 三十五金入宅[言富潤大宅也] 南宅 北宅 亏比所宅 夲彼宅 梁宅 池工¹宅[夲彼部] 財買井宅[庾信公祖宗] 北維宅 南維宅[反香寺下坊] 隊宅 賓支宅[反香寺犯²] 長沙宅 上櫻宅 下櫻宅 水望宅 泉宅 楊上宅[梁南] 漢歧宅[法流寺南] 鼻穴宅[上同] 板積宅[芬皇寺上坊] 別敎宅[川北] 衙南宅 金楊宗宅[梁官寺南] 曲水宅[川北] 柳也宅 寺下宅 沙梁宅 井上宅 里南宅[亏所宅] 思內曲宅 池宅 寺上宅[大宿宅] 林上宅[靑龍之寺東方有池] 橋南宅 巷叱宅[夲彼部] 樓上宅 里上宅 椧南宅 井下宅

---

1 파른본의 자형은 工에 가까움. [壬]에는 上.
2 犯은 北의 오자임.

又[1]四節遊宅

春東野宅 夏谷良宅 秋仇知宅 冬加伊宅 第四十九憲康大
王代[2] 城中無一草屋 接角連墻 歌吹滿路 晝夜不絶

---

1 又는 잘못 들어간 글자이거나 辰韓條의 三十五金入宅 記事에 이어진 記事가
  잘못 분리된 것으로 추정됨.
2 파른본과 [壬(天)]에는 代, [壬]과 [壬(고)]에는 伐.

新羅始祖 赫居世王

辰韓之地 古有六村 一曰閼川楊山村 南今曇嚴寺 長曰謁平 初降于瓢嵓峯 是爲及梁部李氏祖[弩¹礼王九年置 名及梁部 夲朝大²祖天福五年庚子 改名中興部 波潜³東山彼上東村屬焉] 二曰突山高墟村 長曰蘇伐都利 初降于兄山 是爲沙梁部[梁讀云道 或作涿 亦音道]鄭氏祖 今曰南山部 仇良伐麻等烏道北廻德等南村屬焉[称今曰者 大⁴祖所置也下例知⁵] 三曰茂山大樹村 長曰俱[一作仇]禮馬 初降于伊山[一作皆比山] 是爲漸梁[一作涿]部 又牟梁部孫氏之祖 今云長福部 朴谷村等西村屬焉 四曰觜山珍支村[一作賓之 又賓子 又水⁶之] 長曰智伯虎 初降于花山 是爲本彼部崔氏祖 今曰通仙部 柴巴等東南村屬焉 致遠乃本彼部人也 今皇龍寺南味吞寺南有古墟 云是崔侯古宅也 殆明矣 五曰金山加利村[今金剛山栢栗寺之北山也] 長曰祇沱[一作只他] 初降于明活山 是爲漢歧部又作韓歧部⁷裴氏

---

1 파른본에는 弩, [壬]에는 奴로 되어 있음.
2 大는 太의 오자임.
3 파른본에는 潜, [壬]에는 替.
4 大는 太의 오자임. 파른본과 [壬(고)]에는 大, [壬]과 [壬(天)]에는 太.
5 知는 如의 오자임.
6 水는 氷의 오자임.
7 '又作韓歧部'는 본문으로 기재되어 있으나, 세주로 보아야 할 것임.

80

祖 今云加德部 上下西知乃兒[8]等東村屬焉 六曰明活[9]山高耶村 長曰虎珎 初降于金剛山 是爲習比部薛氏祖 今臨川部 勿伊村仍仇旀[10]村闕谷[一作葛[11]谷]等 東北村屬焉 按上文此六部之祖 似皆從天而降 弩禮王九年 始改六部名 又賜六姓 令[12]俗中興部爲母 長福部爲父 臨川部爲子 加德部爲女 其實未詳

前漢地節元年壬子[古本云建虎[13]元年 又云建元三年等 皆誤] 三月朔 六部祖各率子弟 俱會於閼川岸上 議曰 我輩上無君主臨理蒸民 民皆放逸 自從所欲 盍覓有德人 爲之君主 立邦設都乎 於是乘高南望 楊山下蘿井傍 異氣如電光垂地 有一白馬跪拜之狀 尋撿之 有一紫卵[一云青大卵] 馬見人長嘶上天 剖其卵得童男 形儀端美 驚異之 浴[14]於東泉[東泉寺在詞腦野北] 身生光彩 鳥獸率舞 天地振動 日月清明 因名赫居世王[蓋鄉言也 或作弗矩內王言光明理世也 說者云 是西述聖母之所誕也 故中華人讚仚桃聖母有娠賢肇邦之語是也 乃至雞龍現瑞 産閼英 又焉知非西述聖母之所現耶] 位號曰居瑟邯[或作居西干 初開口之時 自称云 閼智居西干一起 因其言称之 自後爲王者之尊称] 時人爭賀曰 今天子已降 宜覓有德女君配之 是日沙梁里閼英井[一作娥利英井] 邊有

---

8 파른본에는 兒로, [壬]에는 皃(=兒)로 되어 있음.
9 파른본에는 活, [壬]에는 佸.
10 旀는 彌와 통함.
11 파른본에는 葛, [壬]에는 菖.
12 令은 今의 오자임.
13 虎는 고려 惠宗의 이름 '武'의 피휘.
14 파른본에는 浴, [壬]에는 俗.

雞龍現 而左脇誕生童女[一云龍現死而剖其腹得之] 姿容殊麗 然而唇
似雞觜 將浴於月城北川 其觜撥落 因名其川曰撥川 營宮室
於南山西麓[今昌林寺] 奉養二聖兒 男以卵生 卵如瓠 鄉人以瓠
爲朴 故因姓朴 女以所出井名名之 二聖年至十三歲 以五鳳
元年甲子男立爲王 仍以女爲后 國號徐羅伐 又徐伐[今俗訓京字
云徐伐 以此故也] 或云斯羅 又斯盧 初王生於雞井 故或云雞林國
以其雞龍現瑞也 一說 脫解王時 得金閼智 而雞鳴於林中 乃
改國號爲雞林 後世遂定新羅之號 理國六十一年 王升于天
七日後遺體散落于地 后亦云亡 國人欲合而葬之 有大蛇逐
禁 各葬五體爲五陵 亦名蛇陵 曇嚴寺北陵是也 大[15]子南解王
繼位

---

15 大는 太의 오자임.

第二南解王

南解居西千[1] 亦云次次雄 是尊長之稱 唯此王稱之 父赫居世 母關英夫人 妃雲帝夫人[一作雲梯 今迎日縣西有雲梯山聖母 祈旱有應] 前漢平帝元始四年甲子 即位 御理二十一年 以地皇四年甲申崩 此王乃三皇之弟[2]一[3]云

按三國史云 新羅稱王曰居西干 辰言王也 或云呼貴人之稱 或曰次次雄 或作慈充 金大問云 次次雄方言謂巫也 世人以巫事鬼神 尚祭祀 故畏敬之 遂稱尊長者爲慈充 或云尼師今 言謂齒理也 初南解王薨 子弩禮讓位於脫解 解云 吾聞聖智人多齒 乃試以餅噬之 古[4]傳如此 或曰麻立干[立一作袖] 金大問云 麻立者 方言謂橛也 橛標准位而置 則王橛爲主 臣橛列於下 因以名之

史論曰 新羅稱居西干 次次雄者一 尼師今者十六 麻立干者四 羅末名儒崔致遠 作帝王年代曆 皆稱某王 不言居西干等 豈以其言鄙野不足稱之也 今記新羅事 具存方言 亦宜矣

---

1 맨위의 가로획이 비스듬하여(丿), 干에 가까워 보임. 千은 干의 오자임.
2 弟는 第의 오자임.
3 一은 문리상 二의 오자로 보기도 함.
4 파른본에는 古, [壬]에는 占.

羅人凡追封者 稱葛文王 未詳

　此王代樂浪國人來侵金城 不克而還 又天鳳五年戊寅 高
麗之裨屬七國來投

第三弩禮王

　朴弩禮尼叱今^[一作儒礼¹王] 初王與妹夫脫解讓位 脫解云 凡有
德者多齒 冝以齒理試之 乃咬餅驗之 王齒多 故先立 因名尼
叱今 尼叱今之稱 自此王始 劉聖公更始元年癸未即位^{[年表云甲}
^{申即位]} 改正六部號 仍賜六姓 始作兜率歌 有嗟辭 詞腦格 始製
黎²耜及藏氷庫 作車乘 建虎³十八年 伐伊西國滅之 是年 高
麗兵來侵

---

1 『삼국사기』 권1 신라본기 유리니사금에는 理.
2 黎의 하단부 자획은 朩으로 되어 있으며, 黎의 이체자임. 黎는 犁의 오자임.
3 虎는 고려 惠宗의 이름 '武'의 피휘.

第四脫解王

脫解齒叱今[一作吐解尼師今] 南解王時[古本云壬寅年至者謬矣 近則後於弩礼即位之初 無争讓之事 前則在於赫居之世 故知壬寅非也] 駕洛國海中有舩來泊其國首露王 與臣民鼓譟而迎 將欲留之 而舡乃飛走 至於雞林東下西知村阿珍浦[今有上西知下西知村名] 時浦邊有一嫗 名阿珍義先 乃赫居王之海尺之母 望之謂曰 此海中元無石崑 何因鵲集而鳴 挐舡尋之 鵲集一舡上 舡中有一櫃子 長二十尺 廣十三尺 曳其舩置於一樹林下 而未知凶乎吉乎 向天而誓爾 俄而乃開見 有端正男子 并七寶奴婢滿載其中 供給七日 迺言曰 我本龍城國人[亦云正明國 或云琓夏國 琓夏或作花厦¹國 龍城在倭東北一千里] 我國嘗有二十八龍王 從人胎而生 自五歲六歲繼登王位 敎萬民修正性命 而有八品姓骨 然無揀²擇 皆登大位 時我父王含達婆 娉積女國王女爲妃 久無子胤 禱祀求息 七年後産一大卵 於是大王會問羣臣 人而生卵古今未有 殆非吉祥 乃造櫃置我 并七寶奴婢載於舡中 浮海而祝曰 任到有緣之地立國成家 便有赤龍 護舡而至此矣 言訖 其童子曳杖率二奴

---

1 厦는 廈(=厦)의 오자임. 『삼국유사』 권1 왕력에는 夏國.
2 파른본에는 揀, [壬]에는 棟.

登吐含山上 作石塚 留七日 望城中可居之地 見一峯如三日
月 勢可久之地 乃下尋之 即瓠公宅也 乃設詭計 潛埋砺炭於
其側 詰朝至門云 此是吾祖代家屋 瓠公云否 爭訟不決 乃告
于官 官曰 以何驗是汝家 童曰 我本冶[4]匠 乍出隣鄉 而人取居
之 請堀地挨看 從之 果得砺[5]炭 乃取而居焉[6] 時南解王知脫
解是智人 以長公主妻之 是爲阿尼夫人 一日吐解登東岳 廻
程次 令白衣索水飮之 白衣汲水 中路先嘗而進 其角盃貼於
口不解 因而嘖之 白衣誓曰 爾後若近遙不敢先嘗 然後乃解
自此白衣 讋服 不敢欺罔[7] 今東岳中有一井 俗云遙乃井是也

　　及弩礼王崩 以光虎[8]帝中元六[9]年丁巳六月 乃登王位 以昔
是吾家取他人家 故因姓昔氏 或云 因鵲開櫝 故去鳥字 姓昔
氏 解櫝脫卵而生 故因名脫解

　在位二十三年 建初四年己卯崩 葬疏川丘中 後有神詔 愼
埋葬我骨 其髑髏周三尺二寸 身骨長九尺七寸 齒凝如一 骨
節皆連瑣[10] 所謂天下無敵力士之骨 碎爲塑像 安闕內 神又報

---

3 礪의 약자임.

4 파른본에는 본 글자 위에 '冶'자를 굵게 가필하였음. [壬]에는 治.

5 礪의 약자임.

6 파른본에는 焉, [壬]에는 爲.

7 파른본에는 내부 획이 亡, [壬]에는 내부 획이 士자에 가까워 자획이 다소 차이가
있음.

8 虎는 고려 惠宗의 이름 '武'의 피휘.

9 六은 二의 오자임.

10 貝 위의 자획이 小가 아니라 山으로 되어 있음. 瑣의 오자임.

云 我骨置於東岳 故令安之[一云 崩後二十七世文虎[11]王代 調露二年庚辰三月

十五日辛酉 夜見夢於大[12]宗 有老人皃甚威猛 曰我是脫解也 拔我骨於疏川丘 塑像安於土[13]

含山 王從其言 故至今國祀不絶 即東岳神也云]

---

11 虎는 고려 惠宗의 이름 '武'의 피휘.

12 大는 太의 오자임.

13 파른본에는 土, [壬]에는 工.

金閼智 脫解王代

永平三年庚申[一¹云中元六年誤矣 中元盡二年而已] 八月四日 瓠公夜
行月城西里 見大光明於始林中[一作鳩林] 有紫雲從天垂地 雲
中有黃金櫝²掛於樹枝 光自櫝³出 亦有白雞鳴於⁴樹下 以狀聞
於王 駕幸其林 開櫝有童男 臥而即起 如赫居世之故事 故因
其言 以閼智名之 閼智即鄕言小兒之稱也 抱載還闕 鳥獸相
隨 喜躍蹌蹌 王⁵擇吉日 冊位大⁶子 後讓於⁷婆娑 不即王位 因
金櫝而出 乃姓金氏 閼智生熱漢 漢生阿都 都生首留 留生郁
部 部生俱道[一作仇刀] 道生末⁸鄒 鄒即王位 新羅金氏自閼智始

---

1 [壬(고)]에는 해당 글자가 빠져 있음.
2 櫃의 오자임.
3 櫃의 오자임.
4 우변의 人 아래 자획이 'ㆍ'가 아니라 '人'에 가까움. 於의 이체자임. [壬]에는 於.
5 파른본에는 王, [壬]에는 土.
6 大는 太의 오자임.
7 파른본에는 於, [壬]에는 故.
8 末은 未의 오자임.

延烏郎 細烏[1]女

第八阿達羅王卽位四年丁酉 東海濱有延烏郎細烏女夫婦
而居 一日延烏歸海採藻 忽有一巖[一云一魚] 負歸日本 國人見
之曰 此非常人也 乃立爲王[按日本帝記[2] 前後無新羅人爲王者 此乃邊邑小王
而非眞王也] 細烏怪夫不來歸尋之 見夫脫鞋 亦上其巖 巖亦負歸
如前 其國人驚訝 奏獻於王 夫婦相會 立爲貴妃 是時新羅日
月無光 日者奏云 日月之精 降在我國 今去日本 故致斯怪
王遣使求[3]二人 延烏曰 我到此國 天使然也 今何歸乎 雖然
朕之妃有所織細綃 以此祭天可矣 仍賜其綃 使人來奏 依其
言而祭之 然後日月如舊 藏其綃於御庫爲國寶 名其庫爲貴
妃庫 祭天所名迎日縣 又都祈野

---

1 파른본에는 烏, [壬]에는 烏. 烏는 烏의 오자임.
2 『삼국유사』권2 기이 원성대왕조에는 紀.
3 파른본에는 求, [壬]에는 來.

末¹鄒王 竹葉軍

第十三末²鄒尼叱今[一作末³祖 又末⁴古] 金關智七世孫 赫世紫纓
仍有聖德 受禪于理⁵解 始登王位[今俗称王之陵爲始祖堂 盖以金始⁶始登王
位故 後代金氏諸王 皆以末⁷鄒爲始祖耳矣] 在位二十三年而崩 陵在興輪寺
東

第十四儒理⁸王代 伊西國人來攻金城 我大擧防禦 久不能
抗 忽有異兵來助 皆珥竹葉 與我軍并力 擊賊破之 軍退後
不知所歸 但見竹葉 積於末⁹鄒陵前 乃知先王陰隲有功 因呼
竹現陵

越三十七世惠恭王代 大曆十四年己未四月 忽有旋風 從
庾信公塚起 中有一人乘駿馬如將軍儀狀 亦有衣甲器仗者
四十許人 隨從而來 入於竹現陵 俄而陵中 似有振動哭泣聲¹⁰

---

1 末은 未의 오자임.
2 末은 未의 오자임.
3 末은 未의 오자임.
4 末은 未의 오자임.
5 理는 沾의 오자임. 『삼국사기』 권2 신라본기 첨해이사금조에는 沾.
6 始는 氏의 오자임.
7 末은 未의 오자임.
8 『삼국유사』 권1 왕력과 『삼국사기』 권1 신라본기 유례이사금조에는 禮.
9 末은 未의 오자임.

或如告訴之音 其言曰 臣平生有輔時 救難匡合之功 今爲魂
魄 鎭護邦國 攘災[11]救患之心 暫無渝改 徃者庚戌年 臣之子孫
無罪被誅 君臣不念我之功烈 臣欲遠移他所 不復勞勤 願王
允之 王答曰 惟我與公不護此邦 其如民庶何 公復努力如前
三請三不許 旋風乃還

王聞之懼 乃遣工[12]臣金敬信 就金公陵謝過焉 爲公立功德
寶田三十結于鷲仙寺 以資冥福 寺乃金公討平壤後 植福所
置故也 非末[13]鄒之靈 無以遏金公之怒 王之護國 不爲不大矣
是以邦人懷德 與三山同杞[14]而不墜 躋秩于五陵之上 稱大廟
云

---

10 鈺은 聲의 오자로 추정.

11 㷊는 災의 이체자.

12 工은 上의 오자임.

13 末은 未의 오자임.

14 파른본에서 글자의 좌변은 木으로 판단됨. 杞는 祀의 오자임.

奈勿王[一作那密王] 金堤上

第十七那密王 即位三十六年庚寅 倭王遣使來朝曰 寡君聞大王之神聖 使臣等以告百濟之罪於大王也 願大王遣一王子 表誠心於寡君也 於是 王使第三子美海[一作未吐喜] 以聘於倭 美海年十歲 言辭動止猶未備具 故以內臣朴娑覽 爲副使而遣之 倭王留而不送三十年

至訥祇王即位三年己未 句麗長壽王遣使來朝云 寡君聞大王之弟寶海秀智才藝 願與相親 特遣小臣懇請 王聞之幸甚因此和通 命其弟寶海 道於句麗 以內臣金正謁[1]爲輔而送之長壽王又留而不送

至十年乙丑 王召集群臣 及國中豪俠 親賜御宴 進酒三行衆樂初作 王垂涕而謂群臣曰 昔我聖考 誠心民事 故使愛子東聘於倭 不見而崩 又朕即位已來 隣兵甚熾 戰爭不息 句麗獨有結親之言 朕信其言 以其親弟聘於句麗 句麗亦留而不送 朕雖處富貴 而未嘗一日暫忘而不哭 若得見二弟 共謝於先主之廟 則能報恩於國人 誰能成其謀策

時百官咸奏曰 此事固非易也 必有智勇方可 臣等以爲歃

___
1 고려 惠宗의 이름 '武'의 결획 피휘.

羅郡大²守堤上可也 於是王召問焉 堤上再拜對曰 臣聞主憂
臣辱 主辱臣死 若論難易而後行 謂之不忠 圖死生而後動 謂
之無勇 臣雖不肖 願受命行矣 王甚嘉之 分觴而飲 握手而別

堤上簾前受命 徑趨北海之路 變服入句麗 進於寶海所 共
謀逸期 先以五月十五日 歸泊於高城水口而待 期日將至 寶
海稱病 數日不朝 乃夜中迷³出 行到高城海濱 王知之 使數十
人追之 至高城而及之 然寶海在句麗 常施恩於左右 故其軍
士憫傷之 皆拔箭鏃⁴而射之 遂免而歸

王旣見寶海 益思美海 一欣一悲 垂淚而謂左右曰 如一身
有一臂一面一眼 雖得一而亡一 何敢不痛乎 時堤上聞此言
再拜辭朝而騎馬 不入家而行 直至於栗浦之濱 其妻聞之 走
馬追至栗浦 見其夫已在舡上矣 妻呼之切懇 堤上但搖手而
不駐

行之倭國 詐言曰 雞林王以不罪殺我父兄 故逃來至此矣
倭王信之 賜室家而安之 時堤上常陪美海遊海濱 逐捕魚鳥
以其所獲 每獻於倭王 王甚喜之而無疑焉

適曉霧濛晦 堤上曰 可行矣 美海曰 然則偕行 堤上曰 臣若
行 恐倭人覺而追之 願臣留而止其追也 美海曰 今我與汝如

---

2 大는 太의 오자임.

3 迷는 迷의 이체자임. 逃의 오자임.

4 鏃는 鏃의 이체자와도 비슷하나, 판본에서 侯도 俟와 유사하게 쓴 점을 고려하면
鏃의 이체자로 생각됨. 鏃과 鏃 모두 화살촉을 뜻함.

父兄焉 何得弃汝⁵而獨⁶歸 堤上曰 臣能救公之命 而慰大王之情則足矣 何願生乎 取酒獻美海

時雞林人康仇麗在倭國 以其人從而送之 堤上入美海房 至於明旦 左右欲入見之 堤上出止之曰 昨日馳走於捕獵 病甚未起 及乎日昃⁷ 左右怪之而更問焉 對曰 美海行已久矣 左右奔告於王 王使騎兵逐之 不及 於是囚堤上問曰 汝何竊遣汝國王子耶 對曰 臣是雞林之臣 非倭國之臣 今欲成吾君之志耳 何敢言於君乎 倭王怒曰 今汝已爲我臣 而言雞林之臣 則必具五刑 若言倭國之臣者 必賞重祿 對曰 寧爲雞林之犬狟 不爲倭國之臣子 寧受雞林之箠楚 不受倭國之爵祿

王怒 命屠剝堤上脚下之皮 刈蒹葭使趨其上[今蒹葭上有血痛⁸ 俗云堤上之血] 更問曰 汝何國臣乎 曰雞林之臣也 又使立於熱鐵⁹上 問何國之臣乎 曰雞林之臣也 倭王知不可屈 燒殺於木島中

美海渡海而來 使康仇麗先告於國中 王驚喜 命百官迎於屈歇驛 王與親弟寶海 迎於南郊 入闕設宴 大赦國內 冊其妻爲國大夫人 以其女子爲美海公夫人

---

5 파른본은 汝, [壬]에는 佽.
6 파른본은 獨, [壬]에는 犝.
7 昃의 이체자로 쓰여 있음.
8 痛은 痕의 오자임.
9 파른본과 [壬(고)]에는 鐵의 이체자로 되어 있음. [壬(天)]과 [壬]은 상태가 좋지 않아 자획을 확인하기 어려움. 지금까지 鐵로 판독하였음.

議者曰 昔漢臣周苛在榮[10]陽 爲楚兵所虜 頃[11]羽謂周苛曰
汝爲我臣 封爲万祿侯 周苛罵而不屈 爲楚王所殺 堤上之忠
烈 無恠於周苛矣

初堤上之發去也 夫人聞之追不及 及至望德寺門南沙上
放臥長號 因名其沙曰長沙 親戚二人 扶腋將還 夫人舒脚坐
不起 名其地曰伐知旨 久後夫人不勝其慕 率三娘子上鵄述
嶺 望倭國痛哭而終[12] 仍爲鵄述神母 今祠堂存焉

---

10 榮은 滎의 오자임.
11 頃은 項의 오자임.
12 파른본에는 終, [壬]에는 絡.

第十八實聖王

義熙九年癸丑 平壤州大橋成[恐南平壤也 今楊州] 王忌憚前王[1]大[2]
子訥祇有德望 將害之 請高麗兵而詐迎訥祇 高麗人見訥祇
有賢行 乃倒戈而殺王 乃立訥祇爲王而去

射琴匣

第二十一毗處王[一作炤智[1]王] 即位十年戊辰 幸於天泉亭 時有烏與鼠來鳴 鼠作人語云 此烏去處尋之[或云 神德王欲行香興輪寺 路見衆鼠含尾 恠之而还占之 明日先鳴烏[2]尋之云云 此說非也]

王命騎士追之 南至避村[今壤避寺村 在南山東麓] 兩猪相鬪 留連見之 忽失烏所在 徘徊路旁 時有老翁自池中出奉書 外面題云 開見二人死 不開一人死 使來獻之 王曰 與其二人死 莫若不開 但一人死耳 日官奏云 二人者庶民也 一人者王也 王然之 開見 書中云射琴匣 王入宮見琴匣射之 乃內殿焚修僧與宮主潛通而所奸也 二人伏誅

自爾國俗 每正月上亥上子上午等日 忌慎百事 不敢動作 以十六[3]日爲烏忌之日 以糯飯祭之 至今行之 俚言怛忉 言悲愁而禁忌百事也 命其池曰書出池

---

1 『삼국유사』권1 왕력과 『삼국사기』권3 신라본기 소지마립간조에는 知.
2 파른본과 [壬]에는 鳥. 鳥는 烏의 오자임.
3 六은 五의 오자로 봄.

智哲老王

第二十二智哲老王 姓金氏 名智大路 又智度路諡曰智澄[1]
諡號始于此 又鄕稱王 爲麻立干者 自此王始 王以永元二年
庚辰卽位[或云辛巳 則三年也] 王陰長一尺五寸 難於嘉耦 發使三道
求之

使至牟[2]梁部冬老樹下 見二狗嚙一屎塊如鼓大 爭嚙其兩
端 訪於里人 有一小女告云 此部相公之女子洗澣于此 隱林
而所遺也 尋其家揆[3]之 身長七尺五寸 具事奏聞 王遣車邀入
宮中 封爲皇后 群臣皆賀

又阿瑟羅州[今溟州] 東海中 便風二日程有亏陵島[今作羽陵] 周
廻二万六千七百三十步 島夷恃其水深 憍懷[4]不臣 王命伊湌
朴伊宗將兵討之 宗作木偶師子 載於大艦之上 威之云 不降
則放此獸 島夷畏而降 賞伊宗爲州伯

---

1 『삼국사기』 권4 신라본기 지증마립간조에는 證. 『삼국유사』 권1 왕력에는 訂.
2 午 중간에 가로획이 추가된 모양임.
3 좌변이 木보다는 扌로 보임. [壬]에서는 木에 가까운 듯함.
4 懷는 傲의 오자로 봄.

眞興王

　第二十四眞興王 即位時年十五歲 大[1]后攝政 大[2]后乃法興王之女子 立宗葛文王之妃 終時削髮被法衣而逝

　承聖三年九月 百濟兵來侵於珎城 掠取人男女三万九千馬八千疋而去 先是百濟欲與新羅 合兵謀伐高麗 眞興曰 國之興亡在天 若天未猒高麗 則我何敢望焉 乃以此言通高麗 高麗感其言 與羅通好 而百濟怨之故來爾

---

1 大는 太의 오자임.
2 大는 太의 오자임.

桃花女 鼻荊郎

第二十五舍輪王 諡眞智大王 姓金氏 妃起烏公之女 知刀[1]
夫人 大[2]建八年丙申卽位[古本云十一年己亥 誤矣] 御國四年 政亂荒
婬 國人廢之

前此 沙梁部之庶女 姿容艶美 時號桃花娘 王聞而召致宮
中 欲幸之 女曰 女之所守 不事二夫 有夫而適他 雖万乘之威
終不奪也 王曰 殺之何 女曰寧斬于市 有願靡他 王戲曰 無夫
則可乎 曰可 王放而遣之

是年 王見廢而崩 後二年 其夫[3]亦死 浹旬忽夜中 王如平昔
來於女房曰 汝昔有諾 今無汝夫可乎 女不輕諾 告於父母 父
母曰 君王之敎 何以避之 以其女入於房 留御七日 常有五色
雲覆屋 香[4]氣滿室 七日後忽然無蹤 女因而有娠 月滿將産 天
地振動 産得一男 名曰鼻荊

眞平大王聞其殊異 收養宮中 年至十五 授差執事 每夜逃

去遠遊 王使勇士五十人守之 每飛過月城 西去荒川岸上[在京城西] 率鬼衆遊 勇士伏林中窺伺 鬼衆聞諸寺曉鍾各散 郞亦歸矣 軍士以事來奏 王召鼻荊曰 汝領鬼遊 信乎 郞曰然 王曰 然則汝[5]使[6]鬼衆 成橋於神元寺北渠[一作神[7]衆寺誤 一云荒川東深渠] 荊奉勅 使其徒鍊石 成大橋於一夜 故名鬼橋

王又問 鬼衆之中 有出現人間 輔朝政者乎 曰有吉達者可輔國政 王曰與來 翌日荊與俱見 賜爵執事 果忠直無雙 時角干林宗無子 王勅爲嗣子 林宗命吉達 創樓門於興輪寺南 每夜去宿其門上 故名吉達門 一日吉達變狐而逍[8]去 荊使鬼捉而殺之 故其衆聞鼻荊之名 怖畏而走

時人作詞曰 聖帝魂生子 鼻荊郞室亭 飛馳諸鬼衆 此處莫留停 鄕俗帖此詞以辟鬼

---

5 파른본에는 汝, [壬]에는 伩.
6 파른본에는 좌변에 亻이 아니라 冫에 가까움. 획이 제대로 찍히지 않은 듯함. [壬]과 [壬(고)]에는 使. [壬(天)]에는 가필하여 使로 되어 있음.
7 파른본에서는 좌변 衤의 획이 불분명함.
8 逍은 遁의 오자임.

天賜玉帶[清泰四年丁酉五月 正承金傳獻鐫金粧玉排方腰帶一條 長十
圍 鐫銙六十二 日[1]是眞平王天賜帶也 太祖受之 藏之內庫]

第二十六白淨王 諡眞平大王 金氏 大[2]建十一年己亥八月
即位 身長十一尺 駕幸內帝釋宮[亦名天柱寺 王之所創] 踏石梯 二[3]石
並折 王謂左右曰 不動此石 以示後來 即城中五不動石之一
也

即位元年 有天使降於殿庭 謂王曰 上皇命我傳賜玉帶 王
親奉跪受 然後其使上天 凡郊廟大祀皆服之

後高麗王將謀伐羅 乃曰 新羅有三寶不可犯 何謂也 皇龍
寺丈[4]六尊像一 其寺九層塔二 眞平王[5]天賜玉帶三也 乃止其
謀

讚曰 雲外天頒玉帶圍 辟雍龍袞雅相宜 吾君自此身彌重
准擬明朝鐵[6]作墀

---

1 日은 曰의 오자임.
2 大는 太의 오자임.
3 二는 三의 오자로 보기도 함.
4 [壬]과 [壬(고)]에는 文.
5 파른본과 [壬(天)]에는 王, [壬]과 [壬(고)]에는 王.
6 파른본과 [壬] 모두 鐵의 이체자로 되어 있음. 보통 鐵로 판독하였음.

善德王知幾三事

第二十七德曼[一作万] 諡善德女大王 姓金氏 父眞平王 以貞觀六年壬辰卽位 御國十六年 凡知幾有三事

初唐大[1]宗送畫牧丹三色紅紫白 以其實三升 王見畫花曰 此花定無香 仍命種於庭 待其開落 果如其言

二於靈廟寺玉門池 冬月衆蛙集鳴三四日 國人恠之 問於王 王急命角干閼川弼吞等 鍊精兵二千人 速去西郊 問女根谷 必有賊兵 掩取殺之 二角干旣受命 各率千人問西郊 富山下果有女根谷 百濟兵五百人 來藏於彼 並取殺之 百濟將軍亏召者 藏於南山嶺石上 又圍而射之殪 又有後兵一千三[2]百人來 亦擊而殺之 一無子遺

三王無恙時 謂群臣曰 朕死於某[3]年某月日 葬我於忉利天中 群臣罔[4]知其處 奏云何所[5] 王曰 狼山南也 至其月日王果崩 群臣葬於狼山之陽 後十餘年 文虎[6]大王創四天王寺於王墳

---

1 大는 太의 오자임.

2 파른본에는 三, [壬]에는 二.

3 파른본과 [壬(天)]에는 某, [壬]과 [壬(고)]에는 其.

4 罔의 이체자로 추정.

5 자획이 所와 다른 독특한 모양이나 所로 추정.

6 虎는 고려 惠宗의 이름 '武'의 피휘.

之下 佛經云 四天王天之上有忉利天 乃知大王之靈聖也

當時群臣啓於王曰 何[7]知花蛙二事之然乎 王曰畵花而無
蝶 知其無香 斯乃唐帝欺寡人之無耦也 蛙有怒形 兵士之像
玉門者女根也 女爲陰也 其色白 白西方也 故知兵在西方 男
根入於女根 則必死矣 以是知其易捉

於是群臣皆服其聖智 送花三[8]色者 盖知新羅有三女王而
然耶 謂善德眞德眞聖是也 唐帝以有懸解之明

善德之創靈廟寺 具載良志師傳 詳之 別記云 是王代 錬石
築瞻星臺

7 何의 하단부가 훼손되었음.
8 파른본과 [壬]과 [壬(天)]에는 三, [壬(고)]에는 一.

眞德王

第二十八眞德女王卽位 自製大[1]平歌 織錦爲紋 命使徃唐
獻之[一夲命春秋公爲使 徃[2]仍請兵 大[3]宗嘉之 許蘇廷[4]方云云者 皆謬矣 現[5]慶前春秋已登
位 現[6]慶庚申非大[7]宗 乃高宗之世 定方之來 在現[8]慶庚申 故知織錦爲紋 非請兵時也 在眞德
之世 當矣 盖請放金欽純之時也] 唐帝嘉賞之 改封爲雞林國王

其詞曰 大唐開洪業 巍巍皇猷昌 止戈戎威定 修文契百王
統天崇雨施 理物体含章 深仁諧日月 抚軍[9]迈虞唐 幡旗何赫
赫 錚鼓何鍠鍠 外夷違命者 剪覆被天殃 淳風凝幽現 遐邇競
呈祥 四時和玉燭 七曜巡万[10]方 維嶽降輔宰 維帝任忠良 五
三成一德 昭我唐家皇

王之代有閼川公 林宗公 述宗公 虎[11]林公[慈藏之父] 廉長公 庾

---

1 大는 太의 오자임.
2 파른본에는 徃(=往), [壬]에는 独.
3 大는 太의 오자임.
4 廷은 定의 오자임.
5 現은 顯의 오자임.
6 現은 顯의 오자임.
7 大는 太의 오자임.
8 現은 顯의 오자임.
9 軍은 運의 오자임.
10 파른본에는 万, [壬]에는 方.
11 虎는 고려 惠宗의 이름 '武'의 피휘.

信公 會于南山亐知巖 議國事 時有大虎走入座間 諸公驚起
而閼川公略不移動 談笑自若 捉虎尾撲於地而殺之 閼川公
膂力如此 處於席首 然諸公皆服庾信之威

　新羅有四靈地 將議大事 則大臣必會其地謀之 則其事必
成 一東曰[12]青松山 二曰南亐知山 三曰西皮田 四曰北金剛山
是王代始行正旦礼 始行侍郎號

---

12 東曰은 曰東의 오기임.

金庾信

虎¹力伊干之子 舒玄角干 金氏之長子曰庾信 弟曰欽純 姉
妹²曰寶姬 小名阿海 妹³曰文姬 小名阿之 庾信公以眞平王十
七年乙卯生 禀精七曜 故背有七⁴星文 又多神異 年至十八壬
申 修釖得術爲國仙 時有白石者 不知其所自來 屬於徒中有
年

郎以伐麗齊⁵之事 日夜深謀 白石知其謀 告於郎曰 僕請與
公密先探於彼 然後圖之何如 郎喜 親率白石夜出行 方憩於
峴上 有二女隨郎而行 至骨火川留宿 又有一女忽然而至 公
與三娘子喜話之時 娘等以美菓餽之 郎受而啖之 心諾相許
乃說其情

娘等告云 公之所言已聞命矣 願公謝白石而共入林中 更
陳情實 乃與俱入 娘等便現神形曰 我等奈林 穴禮 骨火等三
所護國之神 今敵國之人誘郎引之 郎不知而進途 我欲留郎

---

1 虎는 고려 惠宗의 이름 '武'의 피휘.
2 姉 다음에 妹자가 더 있으며, 이는 妹의 오자이며, 衍字임.
3 파른본과 [壬]에는 우변이 未가 아니라 朱임. 妹의 오자임. [壬(고)]에는 木, [壬(天)]
  에는 未.
4 파른본에는 七, [壬]에는 士.
5 齊는 濟의 오자임.

而至此矣 言訖而隱 公聞之驚忏 再拜而出 宿於骨火舘 謂白
石曰 今歸他國 忘其要文 請與爾還家取來

遂與還至家 拷縛白石而問其情 曰我本高麗人[古本云百濟 誤矣
楸南乃高麗之士 又逆行陰陽亦是寶藏王事] 我國群臣曰 新羅庾信是我國卜
筮之士楸南也[古本作春南 誤矣] 國界有逆流之水[或云雄雌 尤反覆之事]
使其卜之 奏曰 大王夫人逆行陰陽之道 其瑞如此 大王驚怡
而王妃大怒 謂是妖[6]狐之語 告於王 更以他事驗問之 失言則
加重刑 乃以一鼠藏於合中 問是何物 其人奏曰 是必鼠 其命
有八 乃以謂失言 將加斬罪 其人誓曰 吾死之後 願爲大將必
滅高麗矣 即斬之 剖鼠腹而視之 其命有七 於是知前言有中
其日夜大王夢 楸南入于新羅舒玄公夫人之懷 以告於羣臣
皆曰 楸南誓心而死 是其果然 故遣我至此謀之爾 公乃刑白
石 備百味祀三神 皆現身受奠

金氏宗財買夫人死 葬於青淵上谷 因名財買谷 每年春月
一宗士女會宴於其谷之南澗 于時百卉敷榮 松花滿洞府林
谷口架築爲庵 因名松花房 傳爲願刹 至五十四景明王 追封
公爲興虎[7]大王 陵在西山毛只寺之北 東向走峰

---

6 이체자로 판각되었음.
7 虎는 고려 惠宗의 이름 '武'의 피휘.

太¹宗春秋公

第二十九太²宗大王 名春秋 姓金氏 龍樹[一作龍春] 角干 追封
文興大王之子也 妣眞平大王之女天明夫人 妃文明皇³后文
姬⁴ 即庾信公之季妹⁵也

初文姬⁶之姊寶姬 夢登西岳捨溺 淤⁷滿京城 旦與妹說夢 文
姬聞之謂曰 我買此夢 姊曰 與何物乎 曰鷩錦裙可乎 姊曰諾
妹開襟受之 姊曰 疇昔之夢傳付於汝 妹⁸以錦裙酬之

後旬日庾信與春秋公 正月午忌日[見上射琴匣事 就乃崔致遠之說] 蹴
鞠于庾信宅前[羅人謂蹴鞠爲弄珠之戱] 故踏春秋之裙 裂其襟紐 曰
請入吾家縫之 公從之 庾信命阿海奉針 海曰 豈以細事輕近
貴公子乎⁹ 因辭[古本云因病不進] 乃命阿之 公知庾信之意 遂幸之
自後數數來徃 庾信知其有娠 乃噴之曰 爾不告父母而有娠

---

1 파른본에는 太, [壬]에는 大.
2 파른본에는 太, [壬]에는 大.
3 『삼국유사』권1 왕력에는 王.
4 『삼국유사』권1 왕력에는 熙.
5 妹는 妹의 오자임.
6 『삼국유사』권1 왕력에는 熙.
7 淤는 濔와 상통함.
8 妹는 妹의 오자임.
9 파른본에는 乎, [壬]에는 子.

何也 乃宣言於國中 欲焚其妹

一日俟善德王遊幸南山 積薪於庭中 焚火烟起 王望之問
何烟 左右奏曰 殆庚信之焚妹也 王問其故 曰爲其妹無夫有
娠 王曰 是誰所爲 時公昵侍在前 顏色大[10]變 王曰 是汝所爲
也 速徃救之 公受命馳馬 傳宣沮之 自後現行婚禮 眞德王薨
以永徽五年甲寅即位 御國八年 龍朔元年辛酉崩 壽五十九
歲 葬於哀公寺東 有碑 王與庚信神謀戮力 一統三韓 有大功
於社稷 故廟號大[11]宗

大[12]子法敏 角干仁問 角干文王 角干老且 角干智鏡 角干愷
元等 皆文姬之所出也 當時買夢之徵 現於此矣 庶子曰皆知
文級干 車得令公 馬得阿干 并女五人 王膳一日飯米三斗雄
雉九首 自庚申年滅百濟後 除晝饍 但朝暮而已 然計 一日米
六斗 酒六斗 雉十首 城中市價布一疋租三十碩 或五十碩 民
謂之聖代 在東宮時 欲征高麗 因請兵入唐 唐帝賞其風彩 謂
爲神聖之人 固留侍衛 力請乃還

時百濟末[13]王義慈乃虎[14]王之元子也 雄猛有膽氣 事親以孝
友于兄弟 時號海東曾子 以貞觀十五年辛丑即位 躭婬酒色

---

10 파른본에는 大, [壬]에는 火.
11 大는 太의 오자임.
12 大는 太의 오자임.
13 파른본에는 末, [壬]과 [壬(고)]에는 木, [壬(天)]에는 木에 가필하여 末로 수정하였음.
14 虎는 고려 惠宗의 이름 '武'의 피휘.

政荒國危 佐平[百濟爵名] 成忠極諫不聽 囚於獄中 瘦困濱死 書曰 忠臣死不忘君 願一言而死 臣嘗觀時變 必有兵革之事 凡用兵 審擇其地 處上流而迎敵 可以保全 若異國兵來 陸路不使過炭峴[一云沉峴 百濟要害之地] 水軍不使入伎伐浦[卽長喦 又孫梁 一作只火浦 又白江] 據其陰隘以禦之 然後可也 王不省

現¹⁵慶四年己未 百濟烏會寺[亦云烏合寺] 有大赤馬 晝夜六時遶寺行道 二月衆狐入義慈宮中 一白狐坐佐平書案上 四月大¹⁶子宮雌雞 與小雀交婚 五月 泗沘¹⁷[扶餘江名] 岸大魚出死 長三丈 人食之者皆死 九月 宮中槐樹鳴如人哭 夜鬼哭宮南路上 五年庚申春二¹⁸月 王都井水血色 西海邊小魚出死 百姓食之不盡 泗沘¹⁹水血色 四月 蝦蟇數萬集於樹上 王都市人無故驚走 如有捕捉 驚仆²⁰死者百餘 亡失財物者無數

六月 王興寺僧 皆見如舡楫²¹隨大水入寺門 有大犬如野鹿自西至泗沘²²岸 向王宮吠之 俄不知所之 城中群犬集於路上或吠或哭 移時而散 有一鬼入宮中 大呼曰 百濟亡百濟亡 卽

---

15 現은 顯의 오자임.
16 大는 太의 오자임.
17 沘는 沘의 오자임.
18 파른본과 [壬(天)]에는 二, [壬]과 [壬(고)]에는 一.
19 沘는 沘의 오자임.
20 파른본에는 仆, [壬]에는 什.
21 楫은 楫의 오자임.
22 沘는 沘의 오자임.

入地 王怪之 使人掘地 深三尺許 有一龜 其背有文[23] 百濟圓月輪 新羅如新月 問之 巫者云 圓月輪者滿也 滿則虧 如新月者未滿也 未滿則漸盈 王怒殺之 或曰圓月輪盛也 如新月者微也 意者國家盛而新羅寢微乎 王喜

大[24]宗聞百濟國中多怪變 五年庚申 遣使仁問請兵唐 高宗詔左虎[25]衛大將軍荊國公蘇定方爲神丘道行策[26]摠管 率左衛將軍劉伯英字仁遠尨虎[27]衛將軍馮士貴尨驍衛將軍龐孝公等 統十三万兵來征[鄕記云 軍十二万二千七百十一人 舡一千九百隻 而唐史不詳言之] 以新羅王春秋爲嵎夷道行軍摠管 將其國兵與之合勢 定方引兵 自城山濟海 至國西德勿島 羅王遣將軍金庾信 領精兵五万以赴之

義慈王聞之 會群臣問戰守之計 佐平義直進曰 唐兵遠涉溟海 不習水 羅人恃大國之援 有輕敵之心 若見唐人失利 必疑懼而不敢銳進 故知先與唐人決戰可也 達率常永等曰 不然 唐兵遠來 意欲速戰 其鋒不可當也 羅人屢見敗於我軍 今望我兵勢 不得不恐 今日之計 冝塞唐人之路 以待師老 先使偏師擊羅 折其銳氣 然後伺其便而合戰 則可得全軍而保國

---

23 文 다음에 曰이 빠진 듯. 『삼국사기』 권28 백제본기 의자왕 20년조에는 曰.
24 大는 太의 오자임.
25 虎는 고려 惠宗의 이름 '武'의 피휘.
26 策은 軍의 오자임.
27 虎는 고려 惠宗의 이름 '武'의 피휘.

矣 王猶預不知所從

時佐平興首得罪 流竄于古馬祢²⁸知之縣 遣人問之曰 事急
矣 如何 首曰 大槩如佐平成忠之說 大臣等不信 曰興首在縲
絏之中 怨君而不愛國矣 其言不可²⁹用也 莫若使唐兵入白江
[即伎伐浦] 沿流而不得方舟 羅軍升炭峴 由徑而不得並馬 當此
之時 縱兵擊之 如在籠之雞 罹網³⁰之魚也 王曰然

又聞唐羅兵已過白江炭峴 遣將軍偕³¹伯帥死士五千出黃
山 與羅兵戰 四合皆勝之 然兵寡力盡 竟敗而偕³²伯死之 進
軍合兵 薄津口 瀕江屯兵 忽有鳥廻翔於定方營上 使人卜之
曰必傷元帥 定方懼欲引兵而止 庾信謂定方曰 豈可以飛鳥
之恠 違天時也 應天順人 伐至不仁 何不祥之有 乃拔神釰擬
其鳥 割裂而墜於座前

於是定方出左涯 垂³³山而陣 與之戰 百濟軍大敗 王師乘潮
軸轤³⁴含尾 鼓譟而進 定方將步騎 直趨都城一舍止 城中悉軍
拒之 又敗死者万餘 唐人乘勝薄城 王知不免 嘆曰 悔不用成

---

28 祢는 祢(=彌)의 오자임.

29 [壬]에는 丁으로 되어 있음.

30 파른본과 [壬(天)]에는 網, [壬]과 [壬(고)]에는 해당 글자의 자획을 알아보기 어려움.

31 『삼국사기』 권5 신라본기 태종무열왕 7년조와 권28 백제본기 의자왕 20년조에는
堦. 『삼국사기』 권47 열전 계백조에는 階.

32 『삼국사기』 권5 신라본기 태종무열왕 7년조와 권28 백제본기 의자왕 20년조에는
堦. 『삼국사기』 권47 열전 계백조에는 階.

33 『삼국사기』 권28 백제본기 의자왕 20년조에는 乘.

34 軸轤를 舳艫의 오자로 보기도 하나, 軸轤도 배를 뜻함.

忠之言 以至於此 遂與大³⁵子隆[或作孝 誤也] 走北鄙 定方圍其城

王次子泰自立爲王 率衆固守 大³⁶子之子文思謂王泰曰 王
與大³⁷子出 而叔檀³⁸爲王 若唐兵解去 我等安得全 率左右緬
而出 民皆從之 泰不能止 定方令士起³⁹堞 立唐旗幟 泰窘迫
乃開門請命 於是王及大⁴⁰子隆 王子泰 大臣貞福 與諸城皆降
定方以王義慈及大⁴¹子隆 王子泰 王子演及大臣將士八十八
人 百姓一万二千八百七人送京師 其國本有五部三十七郡
二百城七十六万戶 至是折⁴²置熊津馬韓東明金漣德安等五
都督府 擢⁴³渠長爲都督刺史以理之 命郎將劉仁願守都城 又
左衛郎將王文度爲熊津都督 撫其餘衆 定方以所俘見 上責
而宥之 王病死 贈金紫光祿大夫衛尉卿 許舊臣赴臨 詔葬孫
皓陳叔寶墓側 并爲竪碑

七年壬戌 命定方爲遼東道行軍大摠管 俄改平壤道 破高
麗之衆於浿⁴⁴江 奪馬邑山爲營 遂圍平壤城 會大雪解圍還

---

35 大는 太의 오자임.

36 大는 太의 오자임.

37 大는 太의 오자임.

38 檀은 擅의 오자임.

39 『삼국사기』권28 백제본기 의자왕 20년조와 『新唐書』백제전에는 超.

40 大는 太의 오자임.

41 大는 太의 오자임.

42 折은 析의 오자임.

43 擢은 擢의 오자임.

44 浿는 浿의 오자임.

拜凉州安集大使 以定吐蕃 乾封二年卒 唐帝悼之 贈左驍騎大將軍幽州都督 謚曰莊[已工[45]唐史文]

新羅別記云 文虎[46]王即位五年乙丑秋八月庚子 王親統大兵 幸熊津城 會假王扶餘隆作壇 刑白馬而盟 先祀天神及山川之靈 然後歃血爲文而盟曰 徃者百濟先王迷於逆順 不敢[47]隣好 不睦親姻 結托句麗 交通倭國 共爲殘暴 侵削新羅 破邑屠城 略無寧歲 天子憫一物之失所 憐百姓之被毒 頻命行人諭其和好 負陜恃遠 侮慢天經 皇赫斯怒 恭行弔伐 旌旗所指 一戎大定 固可瀦宮汚[48]宅 作誡來裔 塞源拔本 垂訓後昆 懷柔伐叛 先王之令典[49] 興亡繼絶 徃哲之通規 事心[50]師古 傳諸曩冊 故立前百濟王 司[51]正卿扶餘隆爲熊津都督 守其祭祀 保其桑梓 依倚新羅 長爲與國 各除宿憾 結好和親 恭承詔命 永爲潘[52]服 仍遣使人右威衛將軍魯城縣公劉仁願 親臨勸諭 具宣成旨 約之以婚姻 申之以盟誓 刑牲歃血 共敦終始 分災[53]

45 파른본에는 工, [壬]에는 上.
46 虎는 고려 惠宗의 이름 '武'의 피휘.
47 敢은 敦의 오자임. 『唐書』에는 敦.
48 파른본에는 汚, [壬]에는 汚.
49 인출시에 먹이 제대로 묻지 않았으나 [壬]에는 典이 선명. 典으로 판독할 수 있음.
50 心은 必의 오자임.
51 司 다음에 1글자분이 비어 있음. 빠진 글자는 農 또는 稼로 추정되었는데, 『唐書』에는 稼로 나옴.
52 潘은 藩의 오자임.
53 災는 災의 오자임. 大 위에 점이 하나 찍혀 犬자 모양. [壬]도 마찬가지.

恤患 恩若兄弟 祗奉綸言 不敢墜失 旣盟之後 共保歲寒 若有

乖背 二三其德 興兵動衆 侵犯邊陲 神明鑑之 百殃是降 子孫

不育 社稷無宗 禋祀磨滅 罔有遺餘 故作金書鐵契 藏之宗廟

子孫万代 無或敢犯 神之聽之 是享是福

　歃訖埋弊[54]帛於壇之壬地 藏盟文於大庙 盟文乃帶方都督

劉仁軌作[按上唐史之文 定方以義慈王及太子隆等送京師 今云會扶餘王隆 則知唐帝宥

隆而遣之 立爲熊津都督也 故盟文明言 以此爲驗]

　又古記云 總章元年戊辰[若總章戊辰則李勣之事 而下文蘇定方 誤矣 若定方

則年号當龍朔二年壬戌來圍平壤之時也] 國人之所請唐兵 屯于平壤郊而

通書曰 急輸軍資 王會群臣問曰 入於敵國至唐兵屯所 其勢

危矣 所請王師粮匱 而不輸其料 亦不冝也 如何 庾信奏曰

臣等能輸其軍資 請大王無慮 於是庾信仁問等率數万人 入

句麗境 輸料二万斛乃還 王大喜

　又欲興師會唐兵 庾信先遣然起兵川等二[55]人 問其會期 唐

帥蘇定方 紙書鸞犢二物廻之 國人未解其意 使問於元曉法

師 解之曰 速還其兵 謂畫[56]犢畫鸞二切也 於是庾信廻軍欲渡

浿[57]江 今[58]日[59]後渡者斬之 軍土[60]爭先半渡 句麗兵來掠殺其

---

54 弊는 幣의 오자임.
55 파른본에는 二, [壬]에는 一.
56 畵는 書의 오자임.
57 浿는 浿의 오자임.
58 今은 令의 오자임.
59 日은 曰의 오자임.

未渡者 翌日信返追句麗兵 捕殺數万級

百濟古記云 扶餘城北角有大岩 下臨江水 相傳云 義慈王
與諸後宮知其未免 相謂曰 寧自盡 不死於他人手 相率至此
投江而死 故俗云墮死岩 斯乃俚諺之訛也 但宮人之墮死 義
慈卒於唐 唐史有明文

又新羅古傳云 定方旣討麗濟二國 又謀伐新羅而留連 於
是庾信知其謀 饗唐兵鴆之 皆死坑之 今尚州界有唐橋 是⁶¹其
坑⁶²地[按唐史 不言其所以死 但書云卒何耶 爲復諱之耶 鄉諺之無據耶 若壬戌年高麗之役
羅人殺定方之師 則後總章戊辰何有請兵滅高麗之事 以此知鄉傳無據 但戊辰滅麗之後 有不
臣之事 擅有其地而已 非至殺蘇李二公也]

王師定百濟 旣還之後 羅王命諸將 追捕百濟殘賤⁶³屯次于
漢山城 高麗靺鞨二國兵來圍之 相擊未解 自五月十一日至
六月二十二日 我兵危甚 王聞之 議群臣曰 計將何出 猶豫未
決 庾信馳奏曰 事急矣 人力不可及 唯神術可救 乃於星浮山
設壇修神術 忽有光耀如大瓮 從壇上而出 乃星飛而⁶⁴北去[因
此名星浮山 山名或有別說云 山在都林之南 秀出一峯是也 京城有一人謀求官 命其子作高炬
夜登此山擧之 其夜京師人望人⁶⁵皆謂恠星現於其地 王聞之憂懼 募人禳之 其父將應之 日⁶⁶

---

60 土는 士의 오자임.
61 파른본에는 是, [壬]에서는 日 아랫부분이 훼손되어 보이지 않음.
62 파른본에는 坑, [壬]에는 坈. 坈은 坑의 오자임.
63 賤은 賊의 오자임.
64 파른본과 [壬]에는 而, [壬(天)]에는 글자 위에 가필하여 南으로 수정하였음.
65 人은 火의 오자임.

官奏曰 此非大恠也 但一家子死父泣之兆耳 遂不行禳法 是夜其子下山 虎傷而死] 漢山城中士卒 怨救兵不至 相視哭泣而已 賊欲攻急 忽有光耀 從南天際來 成霹靂擊碎砲石三十餘所 賊軍弓箭矛戟籌碎皆仆地 良⁶⁷久乃蘇 奔潰而歸 我軍乃還

太宗初即位 有獻猪一頭二身八足者 議者曰 是必并吞六合瑞也 是王代始服中國衣冠牙笏 乃法師慈藏請唐帝而來傳也

神文王時 唐高宗遣使新羅曰 朕之聖考得賢臣魏徵 李淳風等 恊心同德 一統天下 故爲太宗皇帝 汝新羅海外小國 有太宗之号 以僭天子之名 義在不忠 速改其号 新⁶⁸羅王上表曰 新羅雖小國 得聖臣金庾信 一統三國 故封爲太宗 帝見表乃思儲貳時 有天唱空云 三十三天之一人降於新羅爲庾信 紀在於書 出撿挍視之 驚懼不已 更遣使許無改大⁶⁹宗之号

---

66 파른본에서는 자획이 불확실함. [壬]에서는 曰.
67 [壬]에서는 글자 자획을 알아보기 어려움.
68 파른본, [壬(고)] 및 [壬(天)]에는 新, [壬]에서는 글자 자획을 알아보기 어려움.
69 大는 太의 오자임.

長春郎 罷郎[一作羆]

　初與百濟兵戰於黃山之役　長春郎罷郎　死於陣中　後討百
濟時　見夢於太宗曰　臣等昔者爲國亡身　至於白骨　庶欲完護
邦國　故隨從軍行無怠而已　然迫於唐帥定方之威　逐於人後
爾　願王加我以小勢　大王驚怪之　爲二魂說經　一日於牟山亭
又爲創壯義寺於漢山州　以資冥援

三國遺事 卷第二
(紀異 卷第二)

文虎[1]王法敏

　　王初卽位 龍朔辛酉 泗沘[2]南海中 有死女尸 身長七十三尺
足長六尺 陰長三尺 或云身長十八尺 在封軋[3]二年丁卯 總章
戊辰 王統兵 與仁問 欽純等 至平壤 會唐兵滅麗 唐帥李勣
獲高臧王還國[王之性[4]高 故云高臧 按唐書高[5]記 現[6]慶五年庚申 蘇定方等 征百濟 後
十二月 大將軍契如何[7] 爲淇[8]道行軍大捴管 蘇定方爲遼東道大捴管
劉伯英爲平壤道大捴管 以伐高麗 又明年辛酉正月 蕭嗣業
爲扶徐[9]道捴管 任雅相爲淇[10]江道捴管 率三十五万軍 以伐

1　虎는 고종 惠宗의 이름 '武'의 피휘.
2　沘는 沘의 오자임.
3　封軋은 乾封의 오자임.
4　性은 姓의 오자임.
5　宗이 빠져 있음.
6　現은 顯의 오자임.
7　契如何는 契苾何力의 오자임.
8　淇의 오자임. 淇 다음의 江이 빠져 있음.
9　徐는 餘의 약자인 듯.

高麗 八月甲戌 蘇定方等及高麗 戰于浿[11]江敗亡 乾封元年
丙寅六月 以龐同善 高臨[12] 薛仁貴 李謹行等爲後援 九月 龐
同善及高麗戰敗之 十二月己酉 以李勣爲遼東道行臺[13]大捴
管 率六捴管兵 以伐高麗 總章元年戊辰九月癸巳 李勣獲高
臧王 十二月丁巳獻俘于帝 上元元年甲戌二月 劉仁軌爲雞
林道捴管 以伐新羅 而鄕古記云 唐遣陸路將軍孔恭 水路將
軍有相興[14]新羅金庾信等滅之 而此云仁問 欽純等 無庾信 未
詳

時唐之游兵 諸將兵 有留鎭而將謀襲我者 王覺之 發兵[15]之
明年 高宗使召仁問等 讓之曰 爾請我兵以滅麗 害之何耶 乃
下圓扉 鍊兵五十万 以薛邦爲帥 欲伐新羅 時義相師西學入
唐 來見仁問 仁問以事諭之 相乃東還上聞 王甚悼[16]之 會群
臣問防禦策 角干金天尊[17]奏曰 近有明朗法師 入龍宮 傳秘法
而來 請詔問之 朗奏曰 狼山之南 有神遊林 創四天王寺於其
地 開設道場則可矣 時有貞州使走報曰 唐兵無數至我境 廻

---

10 浿의 오자임.

11 浿의 오자임.

12 臨은 侃의 오자임.

13 이를 軍의 오자로 보기도 하나 『新唐書』 卷3 本紀 第3에는 '遼東道行臺大總管'으로 나옴.

14 興은 與의 오자임.

15 擊이 빠졌다고 보기도 함.

16 悼는 憚의 오자로 보기도 하나 '두려워하다'라는 뜻으로 悼도 가능하리라 생각됨.

17 『삼국사기』에는 存으로 되어 있음.

塹[18]海上 王召明朗曰 事已逼至 如何 朗曰 以彩帛假搆宜矣
乃以彩帛營寺 草搆五方神像 以瑜珈明僧十二員 明朗爲上
首 作文豆婁秘密之法 時唐羅兵未交接 風濤怒起 唐舡皆沒
於水 後改刱寺 名四天王寺 至今不墜壇席[國史云改刱在調露元年己
卯]

後年辛未 唐更遣趙憲爲帥 亦以五万兵來征 又作其法舡
沒如前 是時翰林郎朴文俊 隨仁問在獄中 高宗召文俊曰 汝
國有何密法 再發大兵 無生還者 文俊奏曰 陪臣等來於上國
一十餘年 不知本國之事 但遙聞一事爾 厚荷上國之恩 一統
三國 欲報之德 新刱天王寺於狼山之南 祝皇壽万年 長開法
席而已

高宗聞之大悅 乃遣禮部侍郎樂鵬龜 使於羅 審其寺 王先
聞唐使將至 不宜見茲寺 乃別刱新寺於其南 待之 使至曰 必
先行香於皇帝祝壽之所天王寺 乃引見新寺 其使立於門前
曰 不是四天王寺 乃望德遙山之寺 終不入 國人以金一千兩
贈之 其使乃還奏曰 新羅刱天王寺 祝皇壽於新寺而已 因唐
使之言 因名望德寺[或系孝昭王代 誤矣]

王聞文俊善奏 帝有寬赦之意 乃命强首先生 作請放仁問
表 以舍人遠禹奏於唐 帝見表流涕 赦仁問慰送之 仁問在獄
時 國人爲刱寺 名仁容寺 開設觀音道場 乃仁問來還 死於海

---

18 파른본과 조종업본에는 塹, [壬]에는 槧.

上 改爲彌陁道場 至今猶存

　大王御國二十一年 以永隆二年辛巳崩 遺詔葬於東海中大
巖上 王平時常謂智義法師曰 朕身後願爲護國大龍 崇奉佛
法 守護邦家 法師曰 龍爲畜報何 王曰 我猒世間榮華久矣
若醜報爲畜 則雅合朕懷矣

　王初卽位 置南山長倉 長五十步 廣十五步 貯米穀兵器[19] 是
爲右倉 天恩寺西北山上 是爲在倉 別本云 建福八年辛亥 築
南山城 周二千八百五十步 則乃眞德[20]王代始築 而至此乃重
修爾 又始築富山城 三年乃畢 安北河邊築鐵城 又欲築京師
城郭 旣令眞[21]吏 時義相法師聞之 致書報云 王之政教明 則
雖草丘盡[22]地而爲城 民不敢踰 可以潔[23]笉[24]進福 政教苟不明
則雖有長城 笉[25]害未消 王於是正罷其役

　麟德三年丙寅三月十日 有人家婢名吉伊 一乳生三子 總章
三年庚午正月七[26] 漢歧部一山級干 一作成山何于[27]婢一乳
生四子 一女三子 國給穀二百石[28]以賞之 又伐高麗 以其國王

---

19 器의 이체자임.
20 德은 平의 오자임.
21 眞은 具의 오자로 보기도 함.
22 盡은 畫(劃)의 오자임.
23 潔은 稧의 오자로 보기도 함.
24 笉에 가까운 글꼴로 판각되어 있음. 災에 해당.
25 笉에 가까운 글꼴로 판각되어 있음. 災에 해당.
26 日이 빠져 있음.
27 何于는 阿干의 오자로 봄.

孫还²⁹國　置之眞骨位

　王一日召庶弟車得公曰 汝爲冢宰 均理百官 平章四海 公
曰 陛下若以小臣爲宰 則臣願潛行國內 示民問³⁰徭役之勞逸
祖³¹賦之輕重 官吏之淸濁 然後就戭 王聽之 公著緇衣 把琵
琶 爲居士形 出京師 経由 阿瑟羅州[今溟州] 牛首州[今春州] 北原
京[今忠州] 至於武珎州[今海陽] 巡行里閈 州吏安吉見是異人 邀致
其家 盡情供億 至夜 安吉喚妻妾三人曰 今茲侍宿客居士者
終身偕老 二妻曰 寧不並居 何以旅³²人同宿 其一妻曰 公若
許終身並居 則承命矣 從之 詰旦 居士欲辭行時 曰 僕京師人
也 吾家在皇龍皇聖二寺之間 吾名端午也[俗爲³³端午爲車衣] 主人
若到京師 尋訪吾家幸矣 遂行到京師 居家³⁴宰

　國之制 每以外州之吏一人 上守京中諸曹 注今之其人也
安吉當次上守至京師 問兩寺之間端午居士之家 人莫知者
安吉久立道左 有一老翁經過 聞其言 良久佇思曰 二寺間一
家 殆大內也 端午者 乃車得令公也 潛行外郡時 殆汝有緣契

---

28 상부의 一획이 없는 石임. 조종업본과 [壬]도 동일함. 곡식의 양을 표시할 때
　　흔히 쓰던 글꼴임.

29 還의 약자임.

30 問은 間의 오자임.

31 祖는 租의 오자임.

32 旅의 이체자로 판단됨. 기존의 교감본에서는 대부분 於로 추정하였음. [壬]에는
　　우변이 뭉개졌음.

33 爲는 謂의 오자로 보기도 함.

34 家는 冢의 오자임.

乎 安吉陳其實 老人曰 汝去宮城之西敀正門 待宮女出入者
告之 安吉從之 告武珎州安吉進於門矣 公聞而走出 携手入
宮 喚³⁵出公之妃 興³⁶安吉共宴 具饌至五十味

聞於上 以星浮山[一作星損乎山]下 爲武珎州上守繞³⁷木田 禁人
樵採 人不敢近 內外欽羨之 山下有田三十畝 下種三石³⁸ 此田
稔歲 武珎州亦稔 否則亦否³⁹云

---

35 해당 부분이 반 정도 훼손되어 있음.

36 興은 與의 오자임.

37 繞는 燒의 오자임.

38 상부의 一획이 없는 石임. 조종업본과 [壬]도 동일함.

39 하단의 口의 자획은 분명하나 不의 자획이 다소 불분명함. 조병순본에는 否가
선명.

万波息笛

第三十一神文大王 諱政明 金氏 開耀元年辛巳七月七日
即位 爲聖考文武大王 創感恩寺於東海邊[寺中記云 文武王欲鎭倭兵
故始創此寺 未畢而崩 爲海龍 其子神文立 開耀二年畢排 金堂砌下 東向開一穴 乃龍之入寺
旋繞之備 盖遺詔之藏骨處 名大王岩 寺名感恩寺 後見龍現形処 名利見臺] 明年壬午
五月朔[一本云 天授元年 誤矣] 海官波珎喰朴夙清奏曰 東海中有小
山 浮來向感恩寺 隨波往來 王異之 命日官金春質[一作春日]占
之曰 聖考今爲海龍 鎭護三韓 抑又金公庚信乃三十三天之
一子 今降爲大臣 二聖同德 欲出守城之寶 若陛下行幸海過[1]
必得無價大寶 王喜 以其月七日 駕幸利見臺 望其山 遣使審
之 山勢如龜頭 上有一竿竹 晝爲二 夜合一[一云 山亦晝夜開合如竹]
使來奏之 王御感恩寺宿

明日午時 竹合爲一 天地振動 風雨晦暗七日 至其月十六
日風霽波平 王泛海入其山 有龍奉黑玉帶來獻 迎接共坐 問
曰 此山與竹 或判或合如何 龍曰 比如一手拍之無聲 二手拍
則有聲 此竹之爲物 合之然後有聲 聖王以聲理天下之瑞也
王取此竹 作笛吹之 天下和平 今王考爲海中大龍 庚信復爲

---

1 迆는 過의 이체자임. 이를 邊(辺)의 오자로 봄.

天神 二聖同心 出此無價大寶 令我獻之

　王驚喜 以五色錦彩金玉酬賽之 勅使斫竹出海時 山與龍
忽隱不現 王宿感恩寺 十七日 到祇林寺西溪邊 留駕畫饍 太
子理恭[即孝昭大王]守闕 聞此事 走馬來賀 徐察奏曰 此玉帶諸窠
皆眞龍也 王曰 汝何知之 太子曰 摘一窠沉水示之 乃摘左邊
第二窠沉溪 即成龍上天 其地成淵 因號龍淵

　駕还[2] 以其竹作笛 藏於月城天尊庫 吹此笛 則兵退病愈 旱
雨雨晴 風定波平 號万波息笛 稱爲國寶 至孝昭大王代 天授
四年癸巳 因失[3]禮郎生还之異 更封號曰万万波波息笛 詳見
彼傳

---

2 還의 이체자임.
3 夫의 오자임.

孝昭王代 竹旨郎[亦作竹曼 亦名智官]

　　第三十二孝昭王代 竹曼郎之徒 有得烏[一云谷] 級干 隷名於
風流黃卷 追日仕進 隔旬日不見 郎喚其母 問爾子何在 母曰
幢典牟[1]梁益宣阿干 以我子差富山城倉直 馳去行急 未暇告
辭於郎 郎曰 汝子若私事適彼 則不須尋訪 今以公事進去 須
歸享矣 乃以舌餠一合酒一缸 卒[2]左人[鄉云皆叱知 言奴僕也]而行 郎
徒百三十七人 亦具儀侍從

　　到富山城 問閽人 得烏失奚在 人曰 今在益宣田 隨例赴役
郎歸田 以所將酒餠饗之 請暇於益宣 將欲偕還 益宣固禁不
許 時有使吏侃珎 管收推火郡能節租三十石 輸送城中 美郎
之重士風味 鄙宣暗塞不通 乃以所領三十石 贈益宣助請 猶
不許 又以珎節舍知騎馬鞍具貽之 乃許

　　朝廷[3]花主聞之 遣使取益宣 將洗浴其垢醜 宣逃隱 掠其長
子而去 時仲冬極寒之日 浴洗於城內池中 仍合[4]凍死 大王聞

1　牟자 중간에 가로획이 추가되어 있는 형태임.

2　卒은 率의 오자임.

3　廷에 가까운 글꼴로 판각되어 있음.

4　合은 令의 오자로 보기도 함. 여기에서는 '勅牟梁里人從官者 並合黜遣', '若爲僧者
　　不合入鐘鼓寺中'로 合이 여러 번 사용되고 있다.

之 勅年梁里人從官者 並合黜遣 更不接公署 不著黑衣 若爲
僧者 不合入鐘鼓寺中 勅史上佀琭子孫 爲枰定戶孫 標異之
時圀[5]測法師 是海東高德 以年[6]梁里人 故不授僧職

初述宗公爲朔州都督使 將歸理[7]所 時三韓兵乱 以騎兵三
千護送之 行至竹旨嶺 有一居士 平理其嶺路 公見之歎美 居
士亦善公之威勢赫甚 相感於心 公赴州理[8] 隔一朔 夢見居士
入于房中 室家同夢 驚怏尤甚 翌日使人問其居士安否 人曰
居士死有日矣 使來还告 其死與夢同日矣 公曰 殆居士誕於
吾家爾 更發卒修葬於嶺上北峯 造石彌勒一軀[9] 安於塚前 妻
氏自夢之日有娠 既誕 因名竹旨 壯而出仕 與庾信公爲副帥
統三韓 眞德大[10]宗文武神文 四代爲冢宰 安定厥邦

初得烏谷慕郎而作歌曰 去隱春皆理米 毛冬居叱沙哭屋尸
以憂音 阿冬音乃叱好支賜烏隱 皃[11]史年數就音墮支行齊 目
煙廻於尸七史伊衣 逢烏支惡知作乎下是 郎也慕理尸心未
行乎尸道尸 蓬次叱巷中宿尸夜音有叱下是

---

5 圀은 圓의 이체자임.
6 午에 가로획이 하나 더 있는 글꼴.
7 理는 고려 成宗의 이름 '治'의 피휘.
8 理는 고려 成宗의 이름 '治'의 피휘.
9 軀는 軀의 이체자.
10 大는 太의 오자임.
11 皃는 貌의 이체자임.

聖德王

第三十三聖德王 神龍二年丙午 歲[1]不登 人民飢甚 丁未正月初一日至七月三十日 救民給租 一口一日三升爲式 終事而計 三十万五百碩也 王爲太宗大王刱奉德寺 設仁王道場七日 大赦 始有侍中戰[2][一本系[3]孝成王]

---

1 歲 다음에 1글자분 비워져 있음. 禾가 누락된 것으로 봄.
2 職의 약자임.
3 系는 系의 오자임.

水路夫人

聖德王代 純貞公赴江陵大[^1]守[今冥[^2]州] 行次海汀晝饍 傍有石
嶂 如屏臨海 高千丈 上有躑躅花盛開 公之夫人水路見之 謂
左右曰 折花獻者其誰 從者曰 非人跡所到 皆辭不能 傍有老
翁牽牸牛而過者 聞夫人言折其花 亦作歌詞獻之 其翁不知
何許人也

便行二日程 又有臨海亭 晝饍[^3]次 海龍忽攬夫人入海 公顛
倒躃地 計無所出 又有一老人告曰 故人有言 眾口鑠金 今海
中傍生 何不畏眾口乎 宜進界內民 作歌唱之 以杖打岸[^4] 可見
夫人矣 公從之 龍奉夫人出海獻之 公問夫人海中事 四[^5]七寶
宮殿 所饍[^6]甘滑香潔 非人間煙火 此夫人衣襲異香 非世所聞
水路姿容絶代 每經過深山大澤 屢被神物掠攬

眾人唱海歌 詞曰 龜乎龜乎出水路 掠人婦女罪何極 汝若
傍[^7]逆不出獻 入綱捕掠燔之喫

---

[^1]: 大는 太의 오자임.
[^2]: 冥은 冥의 이체자임.
[^3]: 饍은 膳의 오자임.
[^4]: 한 칸 비어 있음. 則으로 추정됨.
[^5]: 四는 曰의 오자임.
[^6]: 饍은 膳의 오자임.

老人獻花歌曰 紫布岩乎过⁸希 執音乎手母牛放敎遣 吾肹
不喩慚肹伊賜等 花肹折叱可獻乎理音如

7 慅은 悖의 오자임.
8 过는 過의 이체자임. 邊(边)의 오자로 봄.

孝成王

　　開元十年壬戌十月　始築關門於毛大[1]郡　今毛火村　屬慶州東南境　乃防日本塞垣也　周廻六千七百九十二步五尺　役徒三万九千二百六十二人　掌員元眞角干

　　開元二十一年癸酉　唐人欲征北狄　請兵新羅　客使六百四人來还國

1　大는 火의 오자임.

景德王 忠談師 表訓大德

德經等 大王備禮受之 王御國二十四年 五岳三山神等 時
或現侍於殿庭

三月三日 王御歸正門樓上 謂左右曰 誰能途中得一員榮
服僧來 於是適有一大德 威儀鮮潔 徜徉而行 左右望而引見
之 王曰 非吾所謂榮僧也 退之 更有一僧 被衲衣負櫻筒[一作荷
簣] 從南而來 王喜見之 邀致樓上 視其筒中 盛茶具已 曰 汝爲
誰耶 僧曰 忠談 曰 何所歸來 僧曰 僧每重三重九之日 烹茶饗
南山三花嶺彌勒世尊 今玆旣獻而還矣 王曰 寡人亦一甌茶
有分乎 僧乃煎茶獻之 茶之氣味異常 甌中異香郁烈 王曰 朕
嘗聞師讚耆婆郎詞腦歌 其意甚高 是其果乎 對曰然 王曰 然
則爲朕作理[2]安民歌 僧應時奉勅歌呈之 王佳之 封王師焉 僧
再拜固辭不受

安民歌曰 君隱父也 臣隱愛賜尸母史也 民焉狂尸恨阿孩
古爲賜尸知 民是愛尸知古如 窟理叱大肹生以支所音物生
此肹喰惡支[3]治良羅 此地肹捨遣只於冬是去於丁 爲尸知國

---

1 이 앞에 빠진 글자가 있는 것으로 추정됨. 최소한 '道'자가 누락되었을 것임.
2 理는 고려 成宗의 이름 '治'의 피휘.

惡攴持以 攴知古如後句 君如臣多攴民隱如 爲內尸等焉國

惡大平恨音叱如

讚耆婆郎歌曰6 咽鳴爾處米 露曉邪隱月羅理 白雲音逐于

浮去隱安攴下 沙是八陵隱汀理也中 耆郎矣皃史是史藪邪

逸烏川理叱磧惡希 郎也持以攴如賜烏隱 心未際叱肣逐內

良齊 阿耶 栢史叱枝次高攴好 雪是毛冬乃乎尸花判也

王玉莖長八無子廢之 封沙梁夫人 後妃滿月夫人 諡景垂

大后 依忠角干之女也

王一日詔表訓大德曰 朕無祐 不獲其嗣 願大德請於上帝

而有之 訓上告於天帝 還來奏云 帝有言 求女即可 男即不宜

王曰 願轉女成男 訓再上天請之 帝曰 可則可矣 然爲男則國

殆矣 訓欲下時 帝又召曰 天與人不可乱 今師徃來如隣里 漏

洩天機 今後宜更不通 訓來以天語諭之 王曰 國雖殆 得男而

爲嗣足矣 於是滿月王后生太子 王喜甚

---

3 攴을 攴로 보기도 함.

4 攴을 攴로 보기도 함.

5 大는 太의 오자임.

6 讚耆婆郎歌曰은 제목처럼 별행처리되어 판각되었음.

7 攴을 攴로 보기도 함.

8 皃는 貌의 이체자임.

9 攴을 攴로 보기도 함.

10 攴을 攴로 보기도 함.

11 八 다음 한 칸이 비어 있음. 寸이 누락된 것으로 봄.

12 大는 太의 오자임.

至八歲王崩 太子即位 是爲惠恭大王 幼冲故大[13]后臨朝 政
條不理 盜賊蜂起 不遑備禦 訓師之說驗矣 小帝旣女爲男 故
自期晬至於登位 常爲婦女之戲 好佩錦囊 與道流爲戲 故國有
大乱 終爲宣德與金良相[14]所弑 自表訓後 聖人不生於新羅云

---

13 大는 太의 오자임.
14 宣德王이 金良相이므로, 金良相은 金敬信의 오자임.

惠恭王

大曆之初 康州官署大堂之東 地漸陷成池[一本大寺東小池] 從十
三尺 橫七尺 忽有鯉魚五六 相継而漸大 淵亦隨大

至二年丁未 又天狗墜於東樓南 頭如瓮 尾三尺許 色如烈
火 天地亦振

又是年 今浦貝縣[1]稻田五頃中 皆米顆成穗 是年七月 北宮
庭中 先有二星墜地 又一星墜 三星皆沒入地 先時宮北厠圊
中二莖蓮生 又奉聖寺田中生蓮 虎入禁城中 追覓失之 角干
大恭家梨木上雀集無數 據安國兵法下卷云 天下兵大乱 於
是大赦修省

七月三日 大恭角干賊起 王都及五道州郡并九十六角干相
戰大乱 大恭角干家亡 輸其家資寶帛于王宮 新城長倉火燒
逆黨之寶穀在沙梁牟[2]梁等里中者 亦輸入王宮 乱弥三朔乃
息 被賞者頗多 誅死者無筭也 表訓之言國殆 是也

---

1 縣은 縣의 오자임.
2 牛의 중간에 가로획이 더 있는 모양.

元聖大王

伊飡金周元 初爲上宰 王爲角干 居二宰 夢脫幞頭 著素笠 把十二絃琴 入於天官寺井中 覺而使人占之 曰 脫幞頭者 失職之兆 把琴者 著枷之兆 入井 入獄之兆 王聞之甚患 杜門不出

于時阿飡餘三或本餘山來通謁 王辝以疾不出 再通曰 願得一見 王諾之 阿飡曰 公所忌何事 王具說占夢之由 阿飡興拜曰 此乃吉祥之夢 公若登大位而不遺我 則爲公解之 王乃辟禁左右 而請解之 曰 脫幞頭者 人無居上也 著素笠者 冕旒之兆也 把十二絃琴者 十二孫傳世之兆也 入天官井 入宮禁之瑞也 王曰 上有周元 何居上位 阿飡曰 請密祀北川神可矣 從之

未幾 宣德王崩 國人欲奉周元爲王 將迎入宮 家在川北 忽川漲不得渡 王先入宮即位 上宰之徒衆 皆來附之 拜賀新登之主 是爲元聖大王

諱敬信 金武[1] 盖厚夢之應也 周元退居溟州 王旣登極 時餘山已卒矣 召其子孫賜爵 王之孫有五人 惠忠大[2]子 憲平大[3]子

---

1 武는 氏의 오자임.

禮英匝干 大龍夫人 小龍夫人等也

大王誠知窮達之變 故有身空詞腦歌[歌亡未詳] 王之考大角干
孝讓 傳祖宗万波息笛 乃傳於王 王得之 故厚荷天恩 其德遠
輝

貞元二年丙寅十月十一日 日本王文慶[按日本帝紀 第五十五[4]文德
王 疑是也 餘無文慶 或本云 是王大[5]子] 擧兵欲伐新羅 聞新羅有万波息笛
退兵 以金五十兩 遣使請其笛 王謂使曰 朕聞上世眞平王代
有之耳 今不知所在 明年七月七日 更遣使 以金一千兩請之
曰 寡人願得見神物而還之矣 王亦辝以前對 以銀三千兩賜
其使 還金而不受 八月 使還 藏其笛於內黃殿

王即位十一年乙亥 唐使來京 留一朔而还 後一日 有二女
進內庭 奏曰 妾等乃東池靑池[靑池即東泉寺之泉也 寺記云 泉乃東海龍往來
聽法之地 寺乃眞平王所造 五百聖衆 五層塔 幷納田民焉] 二龍之妻也 唐使將河
西國二人而來 呪我夫二龍及芬皇寺井等三龍 變爲小魚 筒
貯而皈[6] 願陛下勅二人 留我夫等護國龍也 王追至河陽舘 親
賜享宴 勅河西人曰 爾輩[7]何得取我三龍至此 若不以實告 必
加極刑 於是出三魚獻之 使放於三處 各湧水丈餘 喜躍而逝

---

2 大는 太의 오자임.
3 大는 太의 오자임.
4 年은 主 또는 代의 오기로 봄.
5 大는 太의 오자임.
6 皈은 歸의 이체자임.
7 軰는 輩의 오자임.

唐人服王之明聖

王一口[8]請皇龍寺 注 或本云 華嚴寺又金剛寺香[9] 盖以寺名經名 光[10] 混之也[11] 釋智海入內 稱[12]華嚴經五旬 沙弥妙正 每洗鉢於金光井[因大[13]賢法師得名]邊 有一黿浮沉井中 沙弥每以殘食 餵而爲戲 席將罷 沙弥謂黿曰 吾德汝日久 何以報之 隔數日 黿吐一小珠 如欲贈遺 沙弥得其珠 繫於帶端 自後大王見沙弥愛重 邀致內殿 不離左右 時有一匝干 奉使於唐 亦愛沙弥 請與俱行 王許之 同入於唐 唐帝亦見沙弥而寵愛 承[14]相左右莫不尊信 有一相士奏曰 審此沙弥 無一吉相 得人信敬必有所持異物 使人撿看 得帶端小珠 帝曰 朕有如意珠四枚前年失一个 今見此珠 乃吾所失也 帝問沙弥 沙弥具陳其事帝內[15]失珠之日 與沙弥得珠同日 帝留其珠而遣之 後人無愛信此沙弥者

王之陵在吐含岳西洞鵠寺[今崇福寺] 有崔致遠撰碑 又刱報恩寺 又望德樓 追封祖訓入匝干爲興平大王 曾祖義官匝干爲

---

8 口는 日의 오자임.

9 香은 衍字임.

10 光은 衍字임.

11 '注 或本云~混之也'는 본문으로 써져 있는데, 찬자 또는 저본의 주가 본문으로 판각된 것으로 추정됨.

12 稱은 講의 오자임.

13 大는 太의 오자임.

14 承은 丞의 오자임.

15 內는 日이나 思의 오자로 추정.

神英大王 高祖法宣大阿干爲玄聖大王 玄聖大王[16] 玄聖之考
即摩叱次匝干

---

16 玄聖大王은 중복된 글자로 판각되었음.

早雪

第四十哀莊王　末年戊子　八月十五日　有雪

第四十一憲德王　元和十三年戊戌　三月十四日　大雪[一本作丙
寅　誤矣　元和[1]盡十五　無丙寅]

第四十六文聖王　己未　五月十九日　大雪　八月一日　天地晦
暗

---

1 훼손되어 자획 일부만 보임.

興德王 鸚鵡

　第四十二興德大王 寶曆二年丙午即位 未幾有人奉使於唐
將鸚鵡一雙而至 不久雌死 而孤雄哀鳴不已 王使人掛鏡於
前 鳥見鏡中影 擬其得偶 乃啄其鏡而知其影 乃哀鳴而死 王
作歌云 未詳

神武大王 閻長 弓巴

第四十五神武大王潛邸時 謂[1]俠士弓巴曰 我有不同天之讎[2] 汝能爲我除之 獲居大位 則娶爾女爲妃[3] 弓巴許之 協心同力 擧兵犯京師 能成其事 旣簒[4]位 欲以巴之女爲妃 群臣極諫曰 巴側微 上以其女爲妃則不可 王從之

時巴在淸海鎭爲軍戌 怨王之違言 欲謀乱 時將軍閻長聞之奏曰 巴將爲不忠 小臣請除之 王喜許之 閻長承旨歸淸海鎭 見謁者通曰 僕有小怨於國君 欲投明公以全身命 巴聞之大怒曰 爾輩[5]諫於王而廢我女 胡顧見我乎 長復通曰 是百官之所諫 我不預謀 明公無嫌也 巴聞之引入廳事 謂曰 卿以何事來此 長曰 有忤於王 欲投幕下 以免害爾 巴曰 幸矣 置酒歡甚 長取巴之長劍斬之 麾下軍士 驚懾皆伏地 長引至京師復命曰 已斬弓巴矣 上喜賞之 賜爵阿干

---

1 파른본과 조종업본에는 謂가 다른 글자보다 크게 되어 있음. [壬(고)]에는 모두 뭉개져 있음. [壬]에는 謂자가 가필되어 있음. 조선 초기 판목에는 補刻된 것이 후에 훼손된 것으로 추정할 여지가 있을 듯.
2 讎는 讎의 이체자임.
3 妃는 妃의 이체자임.
4 簒은 篡의 오자임.
5 軰는 輩의 오자임.

四十八 景文大王

王諱膺廉 年十八爲國仙 至於弱冠 憲安大王召郞 宴於殿中 問曰 郞爲國仙 優遊四方 見何異事 郞曰 臣見有美行者三 王曰 請聞其說 郞曰 有人爲人上者 而撝謙坐於人下 其一也 有人豪富而衣儉易 其二也 有人本貴勢而不用其威者 三也 王聞[1]其言而知其賢 不覺墮淚而謂曰 朕有二女 請以奉巾櫛 郞避席而拜之 稽首而退 告於父母 父母驚喜 會其子弟議曰 王之上公主皃甚寒寢 第二公主甚美 娶之幸矣

郞之徒上首範敎師者聞之 至於家問郞曰 大王欲以公主妻公信乎 郞曰 然 曰 奚娶 郞曰 二親命我宜弟 師曰 郞若娶弟 則予必死於郞之面前 娶其兄 則必有三美 誡之哉 郞曰 聞命矣 旣而王擇辰 而使於郞曰 二女惟公所命 使歸以郞意奏曰 奉長公主爾 旣而過三朔 王疾革 召群臣曰 朕無男孫 窀穸之事 宜長女之夫膺廉継之 翌日王崩 郞奉遺詔即位 於是範敎師詣於王曰 吾所陳三美者 今皆著矣 娶長故 今登位一也 昔之欽艶第[2]主 今易可取二也 娶兄故王與夫人喜甚三也 王德

---

1 聞 다음 한 칸 비어 있음.
2 第는 弟의 오자임.

其言 爵爲大德 賜金一百三十兩 王崩 諡曰景文

　王之寢殿 每日暮無數衆虵俱集 宮人驚怖 將驅遣之 王曰
寡人若無虵不得安寢 冝無禁 每寢吐舌滿胷鋪之

　乃登位 王耳忽長如驢耳 王后及宮人皆未知 唯幞頭匠一
人知之 然生平不向人說 其人將死 入道林寺竹林中無人處
向竹唱云 吾君耳如驢耳 其後風吹 則竹聲云 吾君耳如驢耳
王惡之 乃伐竹而植山茱萸 風吹則但聲云 吾君耳長[道林寺 舊在
入都林邊]

　國仙邀元郎譽昕郎桂元叔宗郎等 遊覽金蘭 暗有爲君主理
邦國之意 乃作歌三首 使心弼舍知授針卷 送大炬和尙處 令
作三歌 初名玄琴抱曲 第二大道曲 第三問羣曲 入奏於王 王
大喜稱賞 歌未詳

處容郎 望海寺

第四十九 憲康大王之代 自京師至於海內 比屋連墻 無一草屋 笙歌不絶道路 風雨調於四時

於是 大王遊開雲浦[在鶴城西南 今蔚州] 王將還駕 晝[1]歇於汀过[2] 忽雲霧冥曀 迷失道路 怪問左右 曰[3]官奏云 此東海龍所變也 冝行勝事以解之 於是勅有司 爲龍刱佛寺近境 施令已出 雲開霧散 因名開雲浦 東海龍喜 乃率七子現於駕前 讚德獻舞奏樂

其一子隨駕入京 輔佐王政 名曰處容 王以美女妻之 欲留其意 又賜級干職 其妻甚美 疫神欽慕之 變無[4]人 夜至其家 竊與之宿 處容自外至其家 見寢有二人 乃唱歌作舞而退

歌曰 東京明期月良 夜入伊遊行如可 入良沙寢矣見昆 脚烏伊四是良羅 二肹隱吾下於叱古 二肹隱誰支下焉古 本矣吾下是如馬於隱 奪叱良乙何如爲理古 時神現形 跪於前曰 吾羨公之妻 今犯之矣 公不見怒 感而美之 誓今已後 見畫公

之形容 不入其門矣 因此 國人門帖處容之形 以僻[5]邪進慶

　王旣還 乃卜靈鷲山東麓勝地 置寺 曰望海寺 亦名新房寺
乃爲龍而置也

　又幸鮑石亭 南山神現舞於御前 左右不見 王獨見之 有人
現舞於前 王自作舞 以像示之 神之名或曰祥審 故至今國人
傳此舞 曰御舞祥審 或曰御舞山神 或云旣神出舞 審象其皃
命工摹刻 以示後代 故云象審 或云霜髯舞 此乃以其形稱之

　又幸於金剛嶺時 北岳神呈舞 名玉刀鈐

　又同禮殿宴時 地神出舞 名地伯級于[6] 語法集云 干[7]時山神
獻舞 唱歌云 智理多都波都波等者 盖言以智理國者 知而多
逃 都邑將破云謂也 乃地神山神知國將亡 故作舞以警之 國
人不悟 謂爲現瑞 耽樂滋甚 故國終亡

5　僻은 辟의 오자임.
6　于는 干의 오자임.
7　干은 于의 오자임. 조종업본과 [壬]도 동일.

眞聖女大王 居陁知

第五十一眞聖女王 臨朝有年 乳母鳧好夫人 與其夫魏弘匝
干等三四寵臣 擅權撓政 盜賊蜂起 國人患之 乃作陁羅尼隱
語 書投路上 王與權臣等得之 謂曰 此非王居仁 誰作此文
乃囚居仁於獄 居仁作詩訴于天 天乃震 其獄囚以免之

詩曰 燕丹泣血虹穿日 鄒衍含悲夏落霜 今我失途還似舊
皇天何事不垂祥 陁羅尼曰 南無亡國 刹尼那帝 判尼判尼蘇
判尼于于三阿干 鳧伊娑婆訶 說者云 刹尼那帝者 言女主也
判尼判尼蘇判尼者 言二蘇判也 蘇判爵名 于于三阿干[1]也 鳧
伊者 言鳧好也

此王代 阿飧良貞[2] 王之季子也 奉使於唐 聞百濟海賊梗於
津鳧[3] 選弓士五十人隨之 舡次鵠島[鄕云骨大島] 風濤大作 信宿
浹旬 公患之 使人卜之 曰 島有神池 祭之可矣 於是具奠於池
上 池水湧高丈餘 夜夢有老人 謂公曰 善射一人 留此島中

---

1 파른본과 조종업본에는 干, [壬]에는 十. 干과 也 사이에는 '者 言三四寵臣'이
　누락된 것으로 추정됨.
2 기존에 員 또는 貝로 보았던 글자임. [壬]에는 상단부의 획이 'ㅿ'와 비슷하여
　員으로 본 것이며, [壬(고)]에는 貝 위에 획이 없음. 파른본과 조종업본에는 貝
　위에 'ㅏ' 획이 보이므로, '貞'임.
3 鳧는 島의 오자임.

可得便風 公覺而以事諮於左右曰 留誰可矣 衆人曰 宜以木
簡五十片書我輩名 沉水而闡之 公從之 軍士有居陁知者 名
沉水中 乃留其人 便風忽起 舡進無滯

居陁愁立島嶼 忽有老人 從池而出 謂曰 我是西海若 每一
沙弥 日出之時 從天而降 誦陁羅尼 三繞此池 我之夫婦子孫
皆浮水上 沙弥取吾子孫肝腸 食之盡矣 唯存吾夫婦與一女
爾 來朝又必來 請君射之 居陁曰 弓矢之事 吾所長也 聞命矣
老人謝之而沒 居陁隱伏而待 明日扶桑旣暾 沙弥果來 誦呪
如前 欲取老龍肝 時居陁射之 中沙弥 卽變老狐 墜地而斃

於是老人出而謝曰 受公之賜 全我性命 請以女子妻之 居
陁曰 見賜不遺 固所願也 老人以其女 變作一枝花 納之懷中
仍命二龍 捧居陁 趁及使舡 仍護其舡 入於唐境 唐人見新羅
舡 有二龍負[4]之 具事上聞 帝曰 新羅之使 必非常人 賜宴坐於
羣臣之上 厚以金帛遺之 旣还國 居陁出花枝 變女同居焉

---

4 負는 負의 이체자이면서 倍(모시다=陪)의 이체자이기도 함.

孝恭王

　　第五十二孝恭王　光化十五年壬申[實朱梁乹化二年也]　奉聖寺外
門　東西二十一間　鵲巢　又神德王即位四年乙亥[古¹本云天祐十二年
當作貞明元年]　靈廟寺內行廊　鵲巢三十四　烏巢四十　又三月　再降
霜　六月　斬浦水與海水波相鬪三日

---

1 파른본과 조종업본에는 古, [壬]에는 右.

景明王

第五十四景明王代 貞明五年戊寅 四天王寺壁畵狗鳴 說
經三日 欀¹之 大半又日鳴

七年庚辰二月 皇龍寺塔影 倒立於今毛舍知家庭中一朔

又十月 四天王寺五方神 弓絃皆絶 壁畵狗出走庭中 還入
壁中

---

1 欀은 禳의 오자임. 파른본과 조종업본에서는 좌변이 '木'으로 되어 있음. [壬]에서는
'讓'으로 가필되어 있으며, [壬(고)]에서는 '壤'으로 보임.

景哀王

第五十五 景哀王即位 同光二年甲辰[1]二月十九日 皇龍寺
說[2]百座說經 兼飯禪僧三百 大王親行香致供 此百座通說禪
敎之始

---

1 辰은 申의 오자임.
2 說은 設의 오자임.

金傅大王

第五十六金傅[1]大王 諡敬順 天成二年丁亥九月 百濟甄萱
侵羅至高鬱府 景哀王請救於我太祖 命將以勁兵一万往救
之 救兵未至 萱以冬十月掩入王京 王與妃嬪宗戚 遊鮑石亭
宴娛 不覺兵至 倉卒不知所爲 王與妃奔入後宮 宗戚及公卿
大夫士女 四散奔走 爲賊所虜 無貴賤匍匐乞爲奴婢 萱縱兵
摽掠公私財物 入處王宮 乃命左右索王 王與妃妾數人 匿在
後宮 拘致軍中 逼令王自進[2] 而强淫王妃 縱其下亂其嬪妾 乃
立王之族弟傅[3]爲王 王爲萱所擧 卽位 前王尸殯於西堂 與羣
下慟哭 我太祖遣使弔祭

明年戊子春三月 大[4]祖率五十餘騎 巡到京畿 王與百官郊
迎 入[5]相對 曲盡情禮 置宴臨海殿 酒酣 王言曰 吾以不天 侵[6]
致禍亂 甄萱恣行不義 喪我國家 何[7]如之 因泣[8]然涕泣 左右

---

1 傅은 傅의 오자임.
2 進은 盡의 오자임.
3 傅은 傅의 오자임.
4 大는 太의 오자임.
5 入 다음에 宮이 빠졌다고 봄.
6 侵은 浸의 오자로 보기도 함.
7 何 다음에 痛이 빠진 것으로 추정.

莫不鳴咽 太祖亦流涕 因留數旬 乃廻駕 麾下肅靜 不犯秋毫
都人士女相慶曰 昔甄氏之來也 如逢豺虎 今王公之至 如見
父母

八月 太祖遣使 遺王錦衫鞍馬 幷賜羣僚將士有差

清泰二年乙未十月 以四方[9]地盡爲他有 國弱勢孤 不已[10]自
安 乃與羣下謀 擧土降太祖 羣臣可否 紛然不已 王大[11]子曰
國之存亡 必有天命 當與忠臣義士 收合[12]心 力盡而後已 豈
可以一千年之社稷 輕以與人 王曰 孤危若此 勢不能全 旣不
能強 又不能弱 至使無辜之民 肝腦塗地 吾所不能忍也 乃使
侍郎金封休齎書 請降於太祖 大[13]子哭泣辭王 徑徃皆骨山 麻
衣草食 以終其身 季子祝髮 隷華嚴 爲浮圖 名梵空 後住法水
海印寺云

太祖受書 送太相王鐵迎之 王率百僚 歸我太祖 香車寶馬
連亘三十餘里 道路塡咽 觀者如堵 太祖出郊迎勞 賜宮東一
區[今正承院]以長女樂浪公主妻之 以王謝自國居他國 故以鸞喩
之 改號神鸞公主 諡孝穆 封爲正承 位在太子之上 給祿一千
石[14] 侍從員將 皆錄用之 改新羅爲慶州 以爲公之食邑 初王納

---

8 泣은 法의 오자임.
9 方 다음에 土가 빠졌음.
10 已는 能의 오자로 봄.
11 大는 太의 오자임.
12 合 다음에 民이 빠졌음.
13 大는 太의 오자임.

土來降 太祖喜甚 待之厚禮 使告曰 今王以國與寡人 其爲賜

大矣 願結婚於宗室 以永甥舅之好 王荅曰 我伯父億廉[王之考

孝宗角干 追封神興大王之弟也] 有女子 德容雙美 非是無以備內政 太

祖娶之 是爲神成王后金氏[本朝登仕郎金寬毅所撰王代宗錄云 神成王后李氏

本慶州大尉李正言爲俠¹⁵州守時 太祖幸此州 納爲妃 故或云俠¹⁶州君 願堂玄化寺 三月二十

五日立忌 葬貞陵¹⁷ 生一子 安宗也 此外二十五妃主中不載金氏之事 未詳 然而史臣之論 亦以

安宗爲新羅外孫 當以史傳爲是]

　太祖之孫景宗伷 聘政承¹⁸公之女爲妃 是爲憲承皇后 仍封

政承¹⁹爲尚父 大²⁰平興國三年戊寅崩 諡曰敬順 冊尚父誥曰

勅 姬周啓聖之初 先封呂主²¹ 劉漢興王之始 首開²²簫²³何 自²⁴

大定寰區 廣開基業 立龍圖三十代 躡麟趾四百年 日月重明

乾坤交泰 雖自無爲之主 乃開致理之臣 觀光順化衛國功臣

上柱國樂浪王政承²⁵食邑八千戶金傅²⁶世²⁷鷄林 官分王爵 英

---

14 一 획이 없는 召 자인데, 一이 가필되어 있음. 조종업본과 [壬]에는 一 획이 없는
召으로 되어 있음.

15 俠은 陜의 오자임.

16 俠은 陜의 오자임.

17 파른본과 조종업본은 陵, [壬]에서는 글자를 알아보기 어려움.

18 承은 丞의 오자임.

19 承은 丞의 오자임.

20 大는 太의 오자임.

21 主는 望의 오자임.

22 開는 冊의 오자임.

23 簫는 蕭의 오자임.

24 自 다음에 此 또는 是가 빠진 것으로 봄.

25 承은 丞의 오자임.

烈振凌雲之氣 文章騰擲地之才 富有春秋 貴居茅土 六韜三略 拘入胷襟 七縱五申 撮飯指掌

我太祖須載接陸擲之好 早認餘風 尋時頒駙馬之姻 內酬大節 家國旣歸於一統 君臣宛合於三韓 顯播令名 光崇懿範 可加號尚父都省令 仍賜推忠愼[28]義崇德守節功臣號 勳封如故 食邑通前爲一万戶 有司擇日備禮冊命 主者施行 開寶八年十月日

大匡內議令兼捴翰林臣翮宣奉行 奉勅如右 牒到奉行 開寶八年十月日 侍中署 侍中署內奉令署 軍部令署 軍部令無署 兵部令無署 兵部令署 廣坪[29]侍郎署 廣坪[30]侍郎無署 內奉侍郎無署 內奉侍郎署 軍部卿無署 軍部卿署 兵部卿無署 兵部卿署 告推忠愼義崇德守節功臣尚父都省令 上柱國樂浪都[31]王 食邑一万戶 金傳[32] 奉勅如右 符到奉行 主事無名 郎中無名 書令史無名 孔目無名 開寶八年十月日下

史論曰 新羅朴氏昔氏 皆自卵生 金氏從天入金櫃而降 或

---

26 傳은 傅의 오자임.

27 世와 鷄 사이에 작은 글자로 傳자가 가필되어 있음. 世 다음에 處자가 빠진 것으로 추정.

28 『고려사』에는 順으로 나옴.

29 坪은 評의 오자임.

30 坪은 評의 오자임.

31 都는 郡의 오자임.

32 傳은 傅의 오자임.

云乘金車 此尤詭怪不可信 然世俗相傳爲實事 今但厚³³厥初

在上者 其爲己也儉 其爲人也寬 其設官也略 其行事也簡 以

至誠事中國 梯航朝聘之使 相續不絶 常遣子弟 造朝宿衛 入

學而誦習 于以襲聖賢之風化 革鴻荒之俗 爲禮義之邦 又憑

王師之威靈 平百濟高句麗 取其地³⁴郡縣 可謂盛矣

　然而奉浮屠之法 不知其弊 至使閭里比其塔廟 齊民逃於

緇褐 兵農侵小 而國家日衰 幾何其不亂且亡也哉 於是時 景

哀王加之以³⁵荒樂 與宮人左右 出遊鮑石亭 置酒燕衎 不知甄

萱之至 與³⁶門外韓檎³⁷虎 樓頭張麗華 無以異矣

　若敬順之歸命太祖 雖非獲已 亦可佳³⁸矣 向若力戰守死 以

抗王師 至於力屈勢窮 卽必覆其家³⁹族 害及于無辜之民 而乃

不待告命 封府庫 籍群⁴⁰難⁴¹ 以歸之 其有功於朝廷 有德於生

民甚大

　昔錢民⁴²以吳越入宋 蘇子瞻謂之忠臣 今新羅功德 過於彼

---

33 厚는 原의 오자임.

34 地 다음에 爲가 빠진 것으로 봄.

35 종이가 훼손되어 자획이 다소 불분명함. 다른 판본에서는 '以'임.

36 『삼국사기』 권12 신라본기 경순왕조 사론에는 '與夫門外韓擒虎'로 되어 있음.

37 檎은 擒의 오자임.

38 『삼국사기』 권12 신라본기 경순왕조 사론에는 '嘉'.

39 『삼국사기』 권12 신라본기 경순왕조 사론에는 '宗'.

40 群은 郡의 오자임.

41 難은 縣의 오자임.

42 民의 상단부에 먹칠을 하여 氏로 수정한 듯함. 民은 氏의 오자임. 조종업본과 [壬]에도 民으로 새겨져 있음.

遠矣 我太祖妃嬪衆多 其子孫亦繁衍 而顯宗自新羅外孫即
寶位 此後継統者 皆其子孫 豈非陰德也歟

　新羅旣納土國除 阿干神會 罷外署还 見都城離潰 有黍離
離嘆 乃作歌 歌亡未詳

南扶餘 前百濟 北扶餘已見上

扶餘郡者 前百濟王都也 或稱所夫里郡 按三國史記 百濟

聖王二十六年[1]戊午春 移都於泗沘[2] 國號南扶餘 注曰 其地名

所夫里 泗沘[3] 今之古省津也 所夫里者 扶餘之別號也 已上注

又按量田帳籍曰 所夫里郡田丁柱貼 今言扶餘郡者 復上

古之名也 百濟王姓扶氏 故稱之 或稱餘州者 郡西資福寺高

座之上 有繡帳焉 其繡文曰 統和十五年丁酉五月日餘州功

德大寺繡帳 又昔者 河南置林州刺史 其時圖籍之內 有餘州

二字 林州今佳林郡也 餘州 今之扶餘郡也

百濟地理志曰 後漢書曰 三韓凡七十八國 百濟是其一國

焉 北史云 百濟東極新羅 西南限大海 北際漢江 其郡[4]曰居扶[5]

城 又云固麻城 其外更有五方城

通典云 百濟南接新羅 北距高麗 西限大海

舊唐書云 百濟扶夫[6]之別程[7] 東北新羅 西渡海[8]越州 南渡海

---

1 二十六年은 十六年의 잘못임.
2 沘는 沘의 오자임.
3 沘는 沘의 오자임.
4 郡은 都의 오자임.
5 扶는 拔의 오자임.
6 夫는 餘의 오자임.

至倭 北高麗 其王所居 有東西兩城

　新唐書云 百濟西界越州 南倭 皆踰海 北高麗

　[9]史本記云 百濟始祖[10]溫祚 其父雛牟王 或云朱蒙 自北扶餘
逃難 至卒本扶餘 [11]州之王無子 只有三女 見朱蒙知非常人
以第二女妻之 未幾 扶餘州王薨 朱蒙嗣位 生二子 長曰沸流
次曰溫祚 恐後大[12]子所不容 遂與烏干馬黎等[13]臣南行 百姓
從之者多 遂至漢山 登負兒岳 望可居之地 沸流欲居於海濱
十臣諫曰 惟此河南之地 北帶漢水 東據高岳 南望沃澤 西阻
大海 其天險地利 難得之勢 作都於斯 不亦冝乎 沸流不聽
分其民 歸弥雛忽居之 溫祚都河南慰禮城 以十臣爲輔翼 國
號十濟 是漢成帝鴻佳[14]三年也 沸流以弥雛忽土濕水鹹 不得
安居飯見慰禮 都邑鼎定 人民安泰 遂慙悔而死 其臣民皆飯
於慰礼城 後以来時百姓樂悅 改號百濟 其世系與高句麗同
出扶餘 故以解爲氏 後至聖王 移都於泗沘[15] 今扶餘郡[弥雛忽
仁州 慰礼 今稷山]

7　程은 種의 오자임.
8　海 다음에 至가 빠졌음.
9　國 또는 三國이 누락된 것으로 추정.
10　파른본과 조종업본에는 祖, [壬]에는 祖.
11　州 앞에 扶餘 두 자가 빠졌음.
12　大는 太의 오자임.
13　等 다음에 十이 빠졌음.
14　佳는 嘉의 오자임.
15　沘는 沘의 오자임.

按古典記云 東明王第三子溫祚 以前漢鴻佳[16]三年癸酉[17] 自卒本扶餘 至慰礼城 立都稱王 十四年丙辰 移都漢山[今廣州] 歷三百八十九年 至十三世近肖古王 咸安元年 取高句麗南平壤 移都 北漢城[今楊州] 歷一百五年 至二十二世文周王即位 元徵[18]三年乙卯 移都熊川[今公州] 歷六十三年 至二十六世聖王 移都所夫里 國號南扶餘 至三十一世義慈王 歷一百二十年 至唐顯慶五年 是義慈王在位二十年 新羅金庾信與蘇定方 討平之 百濟國舊有五部 分統三十七郡 二百濟[19]城 七十六万戶 唐以[20]地 分置熊津馬韓東明金漣德安等五都督府 仍其酋長爲都督府刺史 未幾 新羅盡并其地 置熊全武三州及諸郡縣

又虎嵓寺有政事嵓 國家將議宰相 則書當選者名 或三四函封置嵓上 須叟取看 名上有印跡者爲相 故名之 又泗沘[21]河过[22]有一嵓 蘇定方嘗坐此上 釣魚龍而出 故嵓上有龍跪之跡 因名龍嵓 又郡中有三山 曰[23] 山吳山浮山 國家全盛之時 各

---

16 佳는 嘉의 오자임.
17 酉는 卯의 오자임.
18 徵은 徵의 오자임.
19 濟는 餘의 오자임.
20 其자가 빠진 것으로 봄.
21 沘는 泚의 오자임.
22 过는 過의 이체자임. 邊(辺)의 오자임.
23 曰 다음은 빈 칸으로 되어 있는데, 日자가 빠진 것으로 봄.

有神人居其上 飛相往來 朝夕不絶 又泗泚²⁴岸²⁵ 又有一石 可
坐十餘人 百濟王欲幸王興寺禮佛 先於此石望拜佛 其石自
煖 因名煖石 又泗泚²⁶河兩岸如畫屛 百濟王每遊宴歌舞 故至
今稱爲大王浦 又始祖溫祚乃東明第三子 体洪大 性孝友 善
騎射 又多妻王 寬厚有威望 又沙沸王²⁷[一作沙伊王] 仇首崩 嗣位
而幼少不能政 卽廢而立古爾王 或云 至樂初二年²⁸己未 乃崩
古爾方立

---

24 泚는 沘의 오자임.
25 [壬]에는 丰 밑이 王으로 되어 있어서 지금까지 崖로 판독하였음. 岸의 이체자로
판단됨.
26 泚는 沘의 오자임.
27 『三國史記』에는 沙伴王, 『三國遺事』 王曆에는 沙沸王으로 기록되어 있음.
28 樂初二年은 景初三年의 잘못으로 봄.

武王[古本作武康 非也 百濟無武康]

　第三十武王 名璋 母寡居 築室於京師南池邊 池龍交通而
生 小名薯童 器量難測 常掘薯蕷 賣爲活業 國人因以爲名
　聞新羅眞平王第三公主善花[一作善化]美艶無雙 剃髮來京師
以薯蕷餉閭里羣童 羣童親附之 乃作謠 誘羣童而唱之云 善
花公主主隱 他密只嫁良置古 薯童房乙夜矣夘[1]乙抱遣去如
　童謠滿京 達於宮禁 百官極諫 竄流公主於遠方 將行 王后
以純金一斗贈行
　公主將至竄所 薯童出拜途中 將欲侍衛而行 公主雖不識
其從來 偶爾信悅 因此隨行 潛通焉 然後知薯童名 乃信童謠
之驗 同至百濟 出母后所贈金 將謀計活 薯童大笑曰 此何物
也 主曰 此是黃金 可致百年之富 薯童曰 吾自小[2]掘薯之地
委積如泥土 主聞大驚曰 此是天下至寶 君今知金之所在 則
此寶輸送父母宮殿何如 薯童曰 可 於是聚金 積如丘陵 詣龍
華山師子寺知命法師所 問輸金之計 師曰 吾以神力可輸 將
金來矣 主作書 并金置於師子前 師以神力 一夜輸置新羅宮

---

1 夘의 이체자임.
2 小는 少의 오자임.

中 眞平王異其神變 尊敬尤甚 常馳書問安否 薯童由此得人
心 卽王位

一日 王與夫人欲幸師子寺 至龍華山下大池邊 彌勒三尊
出現池中 留駕致敬 夫人謂王曰 須創大伽藍於此地 固所願
也 王許之 詣知命所 問塡³池事 以神力 一夜頹山 塡⁴池爲平
地 乃法像彌勒三會 殿塔廊廡各三所創之 額曰彌勒寺[國史云
王興寺] 眞平王遣百工助之 至今存其寺[三国史云 是法王之子 而此傳之獨
女之子 未詳]

---

3 塡은 塡의 오자임.
4 塡은 塡의 오자임.

後百濟 甄萱

三國史本傳云 甄萱尚州加恩縣人也 咸通八年丁亥生 本姓李 後以甄爲氏 父阿慈个 以農自活 光啓中據沙弗城[今尚州] 自稱將軍 有四子 皆知名於世 萱號傑出 多智略

李碑家記云 眞興大王妃思刀 諡曰白䰧夫人 第三子仇輪公之子 波珎干善品之子角干酌珎 妻王咬巴里生角干元善 是爲阿慈个也 慈之弟[1] 妻上院夫人 第二妻南院夫人 生五子一女 其長子是尚父萱 二子將軍能哀 三子將軍龍盖 四子寶盖 五子將軍小盖 一女大主刀金

又古記云 昔一富人居光州北村 有一女子 姿容端正 謂父曰 每有一紫衣男到寢交婚 父謂曰 汝以長絲貫針刺其衣 從之 至明尋絲於北墻下 針刺於大蚯蚓之腰 後因姙生一男 年十五 自稱甄萱 至景福元年壬子稱王 立都於完山郡 理四十三年 以淸泰元年甲午 萱之三子簒[2]逆 萱投大[3]祖 子金剛即位 天福元年丙申 與高麗兵會戰於一善郡 百濟敗績 國亡云

---

1 弟는 第의 오자임. 第 다음에 一자가 빠졌음.
2 簒은 簒의 오자임.
3 大는 太의 오자임.

初萱生孺褓時 父耕于野 母餉之 以兒置于林下 虎來乳之
鄉黨聞者異焉 及壯體皃雄奇 志氣倜儻不凡

從軍入王京 赴西南海防戌 枕戈待敵 其氣恒爲士卒先 以
勞爲裨將 唐昭宗景福元年 是新羅眞聖王在位六年 嬖竪在
側 竊弄國權 綱紀紊弛 加之以飢饉 百姓流移 群盜蜂起 於是
萱竊有[4]心 嘯聚徒侶 行擊京西南州縣 所至響應 旬月之間
衆至五千 遂襲武珍州自王 猶不敢公然稱王 自署爲新羅西
南[5]都統行全州刺史兼御史中承上柱國漢南國[6]開國公 龍化[7]
元年己酉也 一云景福元年壬子

是時北原賊良吉雄強 弓裔自投爲麾下 萱聞之 遙授良吉
職爲椑[8]將 萱西巡至皃[9]山州 州民迎勞 喜得人心 謂左右曰
百濟開國六百餘年 唐高宗以新羅之請 遣將軍蘇定方 以舡
兵十三万越海 新羅金庾信 卷土歷黃山 與唐兵合攻百濟滅
之 予今敢不立都 以雪宿憤乎 遂自稱後百濟王 設官分職 是
唐光化三年 新羅孝恭王四年也

貞明四年戊寅 鐵原京衆心忽變 推戴我太祖即位 萱聞之遣

---

4 有 아래에 1글자분 공백이 있음. [壬(天)]에는 '叛'으로 가필되어 있으며, 『삼국사기』
　열전 견훤조에는 '覦'로 나옴.
5 『삼국사기』 권50 열전 견훤조에는 '面'으로 되어 있음.
6 『삼국사기』 권50 열전 견훤조에는 '郡'으로 되어 있음.
7 化는 紀의 오자임.
8 좌변이 木자처럼 보임. 椑는 裨의 오자임.
9 皃는 完의 오자임.

168

使稱賀 遂獻孔雀扇地理山竹箭等 萱與我太祖 陽和陰尅 獻

驄馬於太祖 [10] 三年冬十月 萱率三千騎 至曹物城[今未詳] 太祖

亦以精兵來與之角

　萱兵銳 未決勝負[11] 大[12]祖欲權和 以老其師 移書乞和 以堂弟

王信爲質 萱亦以外甥眞虎交質 十二月 攻取居西[13][今未詳]等二

十餘城 遣使入後唐稱藩 唐策授檢校大[14]尉兼侍中判百濟軍

事 依前都督行全州刺史海東四面都統指揮兵馬判置等事百

濟王 食邑二千五百戶

　四年 眞虎暴卒 疑故殺 卽囚王信 使人請還前年所送驄馬

太祖笑還之

　天成二年丁亥九月 萱攻取近品城[今山陽縣] 燒之 新羅王求救

於太祖 太祖將出帥[15] 萱襲取高鬱府[今蔚州] 進軍族[16]始林[一云鷄

林西郊] 卒入新羅王都 新羅王與夫人出遊[17]鮑石亭時 由是甚敗

萱强引夫人乱之 以王之族弟金傳[18]嗣位 然後虜王弟孝廉宰

相英景 又取國[19]珎寶兵仗子女百工之巧者 自隨以歸

---

10 同光이 생략되었음.

11 負는 負의 이체자임.

12 大는 太의 오자임.

13 『삼국사기』 권50 열전 견훤조에는 昌.

14 大는 太의 오자임.

15 帥는 師의 오자임.

16 族은 於의 오자임.

17 종이가 훼손되어 方자는 잘 안 보임.

18 傳은 傅의 오자임.

太祖以精騎五千 要萱於公山下大戰 太祖之將金樂崇謙死
之 諸軍敗北 太祖僅以身免 而不與相抵 使盈其貫 萱乘勝轉
掠大木城[今若木]京山府康州 攻缶谷城 又義成府之守洪述拒
戰而死 太祖聞之曰 吾失右手矣

四十二年庚寅 萱欲攻古昌郡[今安東]大擧而石山營寨 太祖
隔百步 而郡北瓶山營寨 累戰萱敗 獲侍郞金渥 翌日萱收卒
襲破順[20]城 城主元逢不能禦 弃城霄[21]遁 太祖赫怒 貶爲下枝
縣[今豐山縣 元逢 本順城人故也]

新羅君臣以衰季 難以復興 謀引我太祖結好爲援 萱聞之
又欲入王都作惡 恐太祖先之 寄書于太祖曰 昨者國相金雄
廉等 將召足下入京 有同鼈應黿聲 是欲鷃披準[22]翼 必使生靈
塗炭 宗社丘墟 僕是以先著祖鞭 獨揮韓越[23]誓百寮如皎日
諭六部以義風 不意奸臣遁逃 邦君薨變 遂奉景明王表弟 獻[24]
康王之外孫 勸卽尊位 再造危邦 喪君有君 於是乎在 足下勿
詳忠告 徒聽流言 百計窺覦 多方侵擾 尙不能見僕馬首 拔僕
牛毛 冬初都頭索湘束手[25]星山陣下 月內 左將金樂曝骸[26]美

---

19 『삼국사기』권50 열전 견훤조에는 國幣으로 나옴.
20 順 다음에 州자가 빠진 것으로 보기도 함.
21 霄는 霄의 이체자임.
22 準은 隼의 오자임.
23 越 위에 人자가 추가된 글꼴로 越은 鉞의 오자임.
24 獻은 憲의 오자임.
25 手 다음에 於가 빠졌음.

利寺前 殺獲居多 追禽不小[27] 强羸若此 勝敗可知 所期者 掛

弓於平壤之樓 飲馬於浿江之水 然以前月七日 吳越國使班

尚書至 傳王詔旨 知卿與高麗 久通和好 共契隣盟 比因質子

之兩亡 遂失和親之舊好 互侵疆境 不戰干戈 今專發使臣 赴

卿本道 又移文高麗 宜各相親比 永孚于休 僕義篤尊王 情深

事大 及聞詔諭 即欲祇[28]承 但慮足下欲罷不能 困而猶鬪 今

錄詔書寄呈 請留心詳悉 且兎獹迭憊 終必貽譏 蚌鷸[29]相持

亦爲所笑 宜迷復之爲誡 無後悔之自貽

　[30]二[31]年正月 太祖荅曰 伏奉吳越國通[32]使班尚書所傳詔旨

書一道 兼蒙足下辱示長書叙事者 伏以華軺膚使 爰到制書

尺素好音 兼蒙[33]教誨 捧芝檢而雖增感激 闢華牋而難遣嫌疑

今托廻軒 輒敷危衽 僕仰承天假 俯迫人推 過叨將帥之權 獲

赴經綸之會 頃[34]以三韓厄會 九土凶荒 黔黎多屬於黃巾 田野

無非其赤土 庶幾弭風塵之警 有以救邦國之災 爰自善隣 於

爲結好 果見數千里農桑樂業 七八年士卒閑眠 及至癸酉年

---

26 骸 다음에 於가 빠졌음.

27 小는 少의 오자임.

28 祇는 祗의 오자임.

29 鷸는 鷸의 오자임.

30 '天成' 두 글자가 누락되어 있음.

31 『삼국사기』권50 열전 견훤조에는 三.

32 『삼국사기』권50 열전 견훤조에는 通 다음에 和자 있음.

33 『고려사』와 『삼국사기』에는 承.

34 項은 頃의 오자임.

維時陽月 忽焉生事 至乃交兵 足下始輕敵以直前 若螳蜋之
拒轍 終知難而勇退 如蚊子之負山 拱手陳辭 指天作誓 今日
之後 永世歡和 苟或渝盟 神其殛矣 僕亦尙止戈之正³⁵ 期不殺
之仁 遂解重圍 以休疲卒 不辭質子 但欲安民 此即我有大德
於南人也 豈期歃血未乾 凶威復作 蜂蠆之毒 侵害於生民 狼
虎之狂 爲梗於畿甸 金城窘忽 黃屋震驚 仗義尊周 誰似桓文
之霸 乘間謀漢 唯看莽卓之姦 致使王之至尊 枉稱子於足下
尊卑失序 上下同憂 以爲非有元輔之忠純 豈得再安社稷 以
僕心無匿惡 志切尊王 將援置於朝廷 使扶危於邦國 足下見
毫釐之小利 忘天地之厚恩 斬戮君主 焚燒宮闕 葅醢卿佐 虔
劉士民 姬姜則取以同車 珍寶則奪之相³⁶載 元惡浮於桀紂 不
仁甚於獍梟 僕怨極崩天 誠深却日 約効鷹鸇之逐 以申犬馬
之勤 再擧干戈 兩更槐柳 陸擊則雷馳電激 水攻則虎愽³⁷龍騰
動必成功 擧無虛發 逐尹卿³⁸於海岸 積甲如山 禽雛造於城邊
伏尸蔽野 燕山郡畔 斬吉奐於軍前 馬利[疑伊山郡]城³⁹ 戮隨晤於
纛下 拔任存[今大興郡]之日 刑⁴⁰積等數百人捐軀 破淸川⁴¹縣[尙州

---

35 고려 惠宗의 이름 '武'의 결획 피휘임.

36 『삼국사기』권50 열전 견훤조에는 梱.

37 愽은 搏의 오자임.

38 『고려사』와 『삼국사기』에는 邨.

39 『고려사』와 『삼국사기』에는 城 다음에 邊자 있음.

40 『고려사』와 『삼국사기』에는 邢.

41 『고려사』권1 태조 11년조에는 靑州.

領內縣名]之時 直心等四五輩⁴²授首 桐藪[今桐華⁴³寺]望旗而潰散 京
山衘壁以投降 康州則自南而來⁴⁴ 羅府則自西移屬 侵攻若此
收復寧遙 必期沘水營中 霊⁴⁵張耳千般之恨 烏江岸上 成漢王
一捷之心 竟息風波 永清寰海 天之所助 命欲⁴⁶何歸 況承吳
越王殿下 德洽包荒 仁深字小 特出綸於丹⁴⁷禁 諭戰難於青丘
旣奉訓謀 敢不尊奉 若足下祇承睿旨 悉戢凶機 不唯副上國
之仁恩 抑可紹東海⁴⁸之絶緒 若不過而能改 其如悔不可追[書
乃崔致遠作也]

長興三年 甄萱臣龔直 勇而有智略 來降太⁴⁹祖 萱捉龔直二
子一女 烙斷股筋 秋九月 萱遣一吉 以舡兵入高麗禮城江 留
三日 取塩白眞⁵⁰三州船一百艘 焚之而去[云云]

清泰元年甲午 萱聞太祖屯運州[未詳] 遂簡甲士 蓐食而至
末⁵¹及營壘 將軍黔弼以勁騎擊之 斬獲三千餘級 熊津以北三
十餘城 聞風自降 萱麾下術士宗訓 醫者之⁵²謙 勇將尚逢⁵³崔⁵⁴

---

42 輩의 오자임.
43 華 자 상부의 艸는 해당 부분이 훼손되어 보이지 않음. 조종업본과 [壬]에서는
   艸가 보임. 華의 오자임.
44 『고려사』에는 來 다음에 歸 자 있음.
45 霊은 雪자로 판단. [壬]에는 靈의 이체자인 霊으로 되어 있음.
46 『고려사』에는 將.
47 파른본과 조종업본에는 丹, [壬]에는 舟.
48 『삼국사기』 권50 열전 견훤조에는 海東.
49 파른본과 조종업본에는 太, [壬]에는 大.
50 眞은 貞의 오자임.
51 末은 未의 오자임.

弼等 降於太⁵⁵祖

丙申正月 萱胃⁵⁶子曰 老夫新羅之季 立後百濟名 有年于今矣 兵倍於北軍 尚爾不利 殆天假手爲高麗 盖歸順於北王 保首領矣 其子神劒龍劒良劒等三人皆不應 李磾家記云 萱有九子 長曰神劒[一云甄成] 二子大⁵⁷師謙腦 三子佐承龍述 四子大⁵⁸師聰智 五子大阿干宗祐 六子闕 七子佐承位興 八子大⁵⁹師青丘 一女國大夫人 皆上院夫人所生也

萱多妻妾 有子十餘人 第四子金剛 身長而多智 萱特愛之 意欲傳位 其兄神劒良劒龍劒知之憂悶 時良劒爲康州都督 龍劒爲正⁶⁰州都督 獨神劒在側 伊飡能奐使人 徃康正⁶¹二州 與良劒等謀 至清泰二年乙未春三月 與英順等勸神劒 幽萱於金山佛宇 遣人殺金剛 神劒自稱大王 赦境內[云云]

初萱寢未起 遙聞宮庭呼喞聲 問是何聲歟 告父曰 王⁶²年老 暗於軍國政要 長子神劒攝父王位 而諸將歡賀聲也 俄移父

---

52 『삼국사기』 권50 열전 견훤조에는 訓.
53 『삼국사기』 권50 열전 견훤조에는 逵.
54 『삼국사기』 권50 열전 견훤조에는 崔.
55 파른본과 조종업본에는 太, [壬]에는 大.
56 胃는 謂의 오자임.
57 大는 太의 오자임.
58 大는 太의 오자임.
59 大는 太의 오자임.
60 고려 惠宗의 이름 '武'의 결획 피휘임.
61 고려 惠宗의 이름 '武'의 결획 피휘임.
62 파른본과 조종업본에는 王, [壬]에는 五.

於金山佛宇 以巴達等壯士三十人守之 童謠曰 可憐完山兒
失父涕漣洏

萱與後宮年少男女二人 侍婢古比女 內人能乂[63]男等囚繫
至四月 釀酒而飮醉守卒三十人 而與小元甫香乂[64]吳琰[65]忠質
等以海路迎之 旣至 以萱爲十年之長 尊號爲尙父 安置于南
宮 賜楊[66]州食邑田莊奴婢四十口馬九匹 以其國先來降者信
康爲衙前[67]

甄萱壻將軍英規密語其妻曰 大王勤勞四十餘年 功業垂成
一旦以家人之禍 失地 從[68]於高麗 夫貞女不可二夫 忠臣不事
二主 若捨己君 以事逆子 卽[69]何顔以見天下之義士乎 况聞高
麗王公仁厚勤儉 以得民心 殆天啓也 必爲三韓之主 盍致書
以安慰我王 兼懇勤於王公 以圖後來之福乎 妻曰 子之言是
吾意也

於是天福元年丙申二月 遣人致意於太祖曰 君擧義旗 請
爲內應 以迎王師 太[70]祖喜 厚賜其使者遣之 謝英規曰 若蒙

63 『삼국사기』 권50 열전 견훤조(부 신검)에는 '季男 能乂'로 나옴.
64 『고려사』에는 '香乂'로 기록.
65 『고려사』에는 '吳淡'으로 기록.
66 파른본과 조종업본에는 楊, [壬]에는 揚.
67 『고려사』에는 官.
68 『삼국사기』 권50 열전 견훤조에는 投.
69 파른본과 조종업본에는 卽, [壬]에는 耶.
70 파른본과 조종업본에는 太, [壬]에는 大.

恩一合 無道路之梗 即先致謁於將軍 然後升堂拜夫人 兄事
而姊尊之 必終有以厚報之 天下⁷¹鬼神皆聞此語

　六月 萱告太⁷²祖 老臣所以投身於殿下者 願仗殿下威稜 以
誅逆子耳 伏望大王借以神兵 殲其賊乱 臣雖死無憾 太⁷³祖曰
非不欲討之 待其時也 先遣太⁷⁴子及正⁷⁵將軍述希 領步騎十⁷⁶
万 趣天安府 秋九月 太⁷⁷祖率三軍至天安 合兵進次一善 神
劍以兵逆之 甲午 隔一利川相對 王師背艮向坤而陳⁷⁸

　太⁷⁹祖與萱觀兵 忽白雲狀如劍戟起 我師向彼行焉 乃鼓行
而進 百濟將軍孝奉德述哀述明吉等 望兵勢火⁸⁰而整 弃甲降
於陣前 太⁸¹祖勞慰之 問將帥所在 孝奉等曰 元帥神劍在中軍
太⁸²祖命將軍公萱等 三軍齊進挾擊 百濟軍潰北

　至黃山炭峴 神劍與二弟 將軍富達能奐等四十餘人生⁸³降
太⁸⁴祖受降 餘皆勞之 許令與妻子上京 問能奐曰 始與良劍等

71　『삼국사기』권50 열전 견훤조(부 영규)에는 地.
72　파른본과 조종업본에는 太, [壬]에는 大.
73　파른본과 조종업본에는 太, [壬]에는 大.
74　파른본과 조종업본에는 太, [壬]에는 大.
75　고려 惠宗의 이름 '武'의 결획 피휘임. 及武는 武及의 오기임.
76　『삼국사기』권50 열전 견훤조(부 영규)에는 一.
77　파른본과 조종업본에는 太, [壬]에는 大.
78　陳은 陣의 오자임.
79　파른본과 조종업본에는 太, [壬]에는 大.
80　火는 大의 오자임.
81　파른본과 조종업본에는 太, [壬]에는 大.
82　파른본과 조종업본에는 太, [壬]에는 大.
83　生은 出의 오자임.

密謀 囚大王立其子者 汝之謀也 爲臣之義 當如是乎 能奐俛
首不能言 遂命誅之 以神劍僭位爲人所脅 非其本心 又且歸
命乞罪 特原其死 甄萱憂懣發疽 數日卒於黃山佛舍 九月八
日也 壽七十

太[85]祖軍令嚴明[86] 士卒不犯秋毫 州縣安堵 老幼皆呼万歲
謂英規曰 前王失國後 其臣子無一人慰之者 獨卿夫妻 千里
嗣音 以致誠意 兼歸美於寡人 其義不可忘 許職左承 賜田一
千項[87] 許借驛馬三十五匹 以迎家人 賜其二子以官

甄萱起唐景福元年 至晉天福元年 共四十五年 丙申滅

史論曰 新羅數窮道喪 天無所助 民無所歸 於是羣盜投隙
而作 若猬毛然 其劇者弓裔甄萱二人而已 弓裔本新羅王子
而反以家國爲讎 至斬先祖之畫像 其爲不仁甚矣 甄萱起自
新羅之民 食新羅之祿 包藏禍心 幸國之危 侵軼都邑 虔劉君
臣 若禽獸 實天下之元惡 故弓裔見弃於其臣 甄萱産禍於其
子 皆自取之也 又誰咎也 雖項羽李密之雄才 不能敵漢唐之
興 而況裔萱之凶人 豈可與我太[88]祖相抗歟

駕洛國記[文庙朝 大¹康年間 金官知州事文人所撰也 今略而載之]

開闢之後 此地未有邦國之號 亦無君臣之稱 越有我刀干
汝刀干彼刀干五刀干留水干留天干神天干五天干神鬼干等
九干者是酋長 領總百姓 凡一百戶 七万五千人 多以自都山
野 鑿井而飲 耕田而食

屬後漢世祖光正²帝建正³十八年壬寅三月禊洛⁴之日 所居
北龜旨[是峯巒之稱 若十朋伏之狀 故云也⁵]有殊常聲氣呼喚 衆庶二三百
人 集會於此 有如人音 隱其形 而發其音曰 此有人否 九干等
云 吾徒在 又曰 吾所在爲何 對云 龜旨也 又曰 皇天所以命我
者 御是處 惟新家邦 爲君后 爲茲故降矣 你等湏⁶掘峯頂撮土
歌之云 龜何龜何 首其現也 若不現也 燔灼而喫也 以之蹈舞
則是迎大王 歡喜踴躍之也

九干等如其言 咸忻而歌舞 未幾仰而觀之 唯紫繩自天垂
而著⁷地 尋繩之下 乃見紅幅裹金合子 開而視之 有黃金卵六

---

1 大는 太의 오자임.
2 고려 惠宗의 이름 '武'의 결획 피휘임.
3 고려 惠宗의 이름 '武'의 결획 피휘임.
4 洛은 浴의 오자임.
5 종이가 훼손되어 글자 자획이 일부만 보임.
6 湏는 須의 오자임.

圓如日者 衆人悉皆驚喜 俱伸百拜 尋還 裹著抱持 而歸我刀
家 寘榻上 其衆各散

　過浹辰 望日平明 衆庶復相聚集開合 而六卵化爲童子 容
皃甚偉 仍坐於床 衆庶拜賀 盡恭敬止 日日而大 踰十餘晨昏
身長九尺 則殷之天乙 顏如龍焉 則漢之高祖 眉之八彩 則有
唐之高[8] 眼之重瞳 則有虞之舜 其於月望日即位也 始現故諱
首露 或云首陵[首陵是崩後諡也]

　國稱大駕洛 又稱伽耶國 即六伽耶之一也 餘五人 各歸爲
五伽耶主 東以黃山江 西南以滄[9]海 西北以地理山 東北以伽
耶山 南而爲國尾 俾創假宮而入御 但要質儉 茅茨不剪 土階
三尺

　二年癸卯春正月 王若曰 朕欲定置京都 仍駕幸假宮之南
新畓坪[10][是古來閑田 新耕作故云也 畓乃俗文也] 四望山嶽 顧左右曰 此
地[11]狹小如蓼葉 然而秀異 可爲十六羅漢住地 何況自一成三
自三成七 七聖住地 固合于是 托土開疆 終然允臧歟 築置一
千五百步周廻羅城 宮禁殿宇 及諸有司屋宇 虎[12]庫倉廩之地
事訖還宮 徧徵國內丁壯人夫工匠 以其月二十日資始金陽[13]

7　파른본과 조종업본에는 著, [壬]에는 着.
8　고려 定宗의 이름 '堯'의 피휘.
9　滄은 滄의 오자임.
10　[壬]에는 汻.
11　종이가 훼손되어 좌변의 土자는 안 보임.
12　고려 惠宗의 이름 '武'의 피휘.

墍[14]三月十日役畢 其宮闕屋舍 候[15]農隙而作之 經始于厥年

十月 逮甲辰二月而成 涓吉辰御新宮 理万機而懃庶務

  忽有琓夏國含達王之夫人妊娠 弥[16]月生卵 卵化爲人 名曰

脫解 從海而來 身長三尺[17] 頭圓一尺[18] 悅焉詣闕 語於王云

我欲奪王之位 故來耳 王荅曰 天命我俾即于位 將令安中國

而綏下民 不敢違天之命 以與之位 又不敢以吾國吾民 付囑

於汝 解云 若爾可爭其術 王曰 可也 俄頃之間 解化爲鷹 王化

爲鷲 又解化爲雀 王化爲鸇 于此際也 寸陰未移 解还本身

王亦復然 解乃伏膺曰 僕也適於角術之場 鷹之[19]鷲 雀之於鸇

獲免焉 此盖聖人惡殺之仁而然乎 僕之與王 爭位良難 便拜

辝而出 到麟[20]郊外渡頭 將中朝來泊之木[21]道而行 王竊恐滯

留謀亂 急發舟師五百艘而追之 解奔入雞林地界 舟師盡還

事記所載 多異與新羅

  屬建正[22]二十四年戊申七月二十七日 九干等朝謁之次 獻

---

13 陽은 湯의 오자임.

14 墍는 曁의 오자임.

15 候는 글꼴이 俟 또는 候처럼 보임. 둘 다 '기다리다'라는 뜻이 있음.

16 弥는 彌의 오자임.

17 『삼국사기』권1 신라본기 탈해이사금조에는 九尺, 『삼국유사』권1 기이 제4탈해왕
   조에는 九尺七寸.

18 『삼국유사』권1 기이 제4탈해왕조에는 三尺二寸.

19 之 다음에 於가 빠졌음.

20 麟은 隣의 오자임.

21 木은 水의 오자임.

22 고려 惠宗의 이름 '武'의 결획 피휘임.

言曰 大王降靈已來 好仇未得 請臣等所有處女絶好者 選入
宮闈 俾爲伉儷 王曰 朕降于兹 天命也 配朕而作后 亦天之命
卿等無慮 遂命留天干押輕舟 持駿馬 到望山島立待 申命神
鬼干 就乘岾[望山島 京南島嶼也 乘岾 輦下岡[23]也] 忽自海之西南隅 掛緋
帆 張茜旗 而指乎北 留天等 先擧火於島上 則競渡下陸 爭奔
而來 神鬼望之 走入闕奏之 上聞欣欣 尋遣九干等 整蘭橈
揚桂楫而迎之 旋欲陪入內 王后乃曰 我與[24]等素昧[25]平生 焉
敢輕忽相隨而去 留天等返達后之語 王然之 率有司動蹕 從
闕下西南六十步許地 山邊設幔殿祗候[26] 王后於山外別浦津
頭 維舟登陸 憇於高嶠 解所著綾袴[27]爲贄 遺于山靈也 其地
侍從媵臣二員 名曰申輔趙匡 其妻二人 號慕貞慕良 或臧獲
并計二十餘口 所齎錦繡綾羅 衣裳疋段 金銀珠玉 瓊玖[28]服玩
器 不可勝記 王后漸近行在 上出迎之 同入帷宮 媵臣已下衆
人 就階下而見之卽退 上命有司 引媵臣夫妻曰 人各以一房
安置 已下臧獲各一房五六人安置

　給之以蘭液蕙醑 寢之以文茵彩薦 至於衣服疋段寶貨之類
多以軍夫遴集而護之 於是王與后共在御國寢 從容語王曰

---

23 파른본과 조종업본에는 岡, [壬]에는 國.
24 與 다음에 爾가 빠졌음.
25 昧는 昧의 오자임.
26 候는 候와 함께 '기다리다'는 뜻을 지닌 글자.
27 파른본과 조종업본에는 袴, [壬]에는 桍.
28 玖는 玖의 오자임.

妾是阿踰陁國公主也 姓許名黃玉 年二八矣 在本國時 今年

五月中 父王與皇后顧妾而語曰 爺孃一昨夢中 同見皇天上

帝 謂曰 駕洛國元君首露者 天所降而俾御大寶 乃神乃聖 惟

其人乎 且以新莅家邦 未定匹偶 卿等湏²⁹遣公主而配之 言訖

升天 形開之後 上帝之言 其猶在耳 你於此而忽辭親向彼乎

徃矣 妾也浮海遐尋於蒸棗³⁰ 移天夐³¹赴於蟠桃 蟓首敢叨 龍

顏是近 王荅曰 朕生而頗聖 先知公主自遠而屆 下臣有納妃

之請 不敢從焉 今也淑質自臻 眇躬多幸

遂以合歡 兩過清宵 一經白晝 於是遂還來船 篙工楫師共

十有五人 各賜粮粳米十碩 布三十疋 令歸本國 八月一日廻

鑾 與后同輦 媵臣夫妻齊鑣³²並駕 其漢隷³³雜物 感³⁴使乘載

徐徐入闕 時銅壺欲午 王后爰處中宮 勅賜媵臣夫妻 私屬 空

閑二室分入 餘外從者以賓館 一坐二十餘間 酌定人數 區別

安置 日給豐羨 其所載珍物 藏於內庫 以爲王后四時之費 一

日上語臣下曰 九干等俱爲庶僚之長 其位與名 皆是宵人野

夫之號 頓非簪履職位之稱 儻化外傳聞 必有嗤笑之耻

---

29 湏는 須의 오자임.

30 棗는 棗의 이체자임.

31 夐에 가까운 글꼴임.

32 鑣은 鑣의 오자임.

33 조종업본에서는 좌변 상부의 획이 보이지 않으며, 규장각 소장 [壬]에서는 글자의 상단부가 흐릿함. [壬(고)]의 글자는 파른본의 글자와 자획이 동일하나, '肆'로 판독하였음. 隷는 肆의 오자로 판단됨.

34 感은 咸의 오자임.

遂改我刀爲我躬 汝刀爲汝諧 彼刀爲彼藏 五方[35]爲五常 留水 留天之名 不動上字 改下字[36]留功 留德[37]改爲神道 五天改爲五能 神鬼之音不易 改訓爲臣貴 取雞林職儀 置角干阿叱干級干之秩 其下官僚 以周判漢儀而分定之 斯所以革古鼎新 設官分職之道歟 於是乎理國齊家 愛民如子 其敎不肅而威 其政不嚴而理 況與王后而居也 比如天之有地 日之有月 陽之有陰 其功也 塗山翼夏 唐媛[38]興嬌[39] 頻年有夢得熊羆之兆 誕生太子居登公 靈帝中平六年己巳三月一日后崩 壽一百五十七 國人如嘆坤崩 葬於龜旨東北塢 遂欲[40]忘子愛下民之惠 因號初來纜渡頭村曰主浦村 解綏[41]袴[42]高岡曰綾峴 茜旗行入海涯曰旗出邊

媵臣泉府卿申輔 宗正監趙匡等 到國三十年後 各產二女焉 夫與婦踰一二年而皆拋信也 其餘臧獲之箪[43] 自來七八年間 未有玆子生 唯抱懷土之悲 皆首丘而沒 所舍賓館 圓[44]其

35 方은 刀의 오자임.
36 字 다음에 爲가 빠진 것으로 보기도 함.
37 改 앞에 '神天' 두 자가 빠졌음.
38 파른본과 조종업본에는 媛, [壬]에는 煖.
39 嬌는 姚의 오자임.
40 欲 다음에 不이 빠졌음.
41 綏은 綾의 오자임.
42 파른본과 조종업본에는 袴, [壬]에는 椁.
43 箪는 輩의 오자임.
44 圓은 闃의 오자임.

無人 元君乃每歌鰥枕 悲嘆良多 隔二五歲 以獻帝立[45]安四年

己卯三月二十三日而殂落 壽一百五十八歲矣 國中之人若

亡天只 悲慟甚於后崩之日 遂於闕之艮方平地 造立殯宮 高

一丈 周三百步而葬之 號首陵王廟也 自嗣子居登王洎九代

孫仇衡[46]之享是廟 須以每歲孟春三之日 七之日 仲夏重五之

日 仲秋初五之日 十五之日 豐潔之奠 相継不絶

泊新羅第三十王法敏龍朔元年辛酉三月日 有制曰 朕是伽

耶國元君九代孫仇衡[47]亡[48]之降于當國也 所率來子世宗[49]之

子 率友公[50]之子 庶云匝干之女 文明皇后寔生我者 玆故元君

於幼冲人 乃爲十五代始祖也 所御國者已曾敗 所葬廟者今

尚存 合于宗祧 續乃祀事

仍遣使於黍離之址[51][52]近廟上上田三十頃[53]爲供營之資 號

称王位田 付屬本土 王之十七代孫賡世級干祗稟朝旨 主掌

厥田 每歲時醸醪醴 設以餅飯茶菓庶羞等奠 年年不墜 其祭

日不失居登王之所定年內五日也 芬苾孝祀 於是乎在於我

---

45 立은 고려 太祖의 이름 '建'의 피휘.

46 衝은 衡의 오자임.

47 衝은 衡의 오자임.

48 亡은 王의 오자임. 파른본과 조종업본에는 亡, [壬]에는 三.

49 『삼국사기』 권4 신라본기 법흥왕 19년조에는 '奴宗'.

50 뒷부분에는 '卒支公'이라고 하였음.

51 파른본과 조종업본에는 址, [壬]에는 趾. 址 다음 한 칸 비어 있음.

52 址 다음 한 칸이 비어 있음. 이를 以로 추정함.

53 項은 頃의 오자임.

自居登王即位己卯年置便房 降及仇衡[54]朝末[55] 三百三十載之
中 享廟禮曲 永無違者 其乃仇衡[56]失位去國 逮龍朔元年辛酉
六十年之間 享是廟禮 或闕如也 美矣哉 文武王[法敏王諡也] 先
奉尊祖 孝乎惟孝 継泯絶之祀 復行之也

新羅季末 有忠至匝干者 攻取金官高城 而爲城主將軍 爰
有英規阿干 假威於將軍 奪廟享而淫祀 當端午而致告祠 堂
梁無故折墜 因覆壓而死焉 於是將軍自謂 宿因多幸 辱爲聖
王所御國城之奠 冝我畫其眞影 香燈供之 以酬玄恩

遂以鮫絹三尺 摸出眞影 安於壁上 旦夕膏炷 瞻仰虔至 才
三日 影之二目 流下血淚 而貯於地上 幾一斗矣 將軍大懼
捧持其眞 就廟而焚之 即召王之眞孫圭林而謂曰 昨[57]有不祥
事 一何重疊 是必廟之威靈 震怒余之圖畫 而供養不孫 英規
旣死 余甚怖[58]畏 影已燒矣 必受陰誅 卿是王之眞孫 信合依
舊以祭之

圭林継世奠酵[59] 年及八十八歲而卒 其子間元卿 續而克禋
端午日謁廟之祭 英規之子俊必又發狂 來詣廟 俾徹間元之

---

54 衝은 衡의 오자임.
55 [壬]에서는 未임.
56 衝은 衡의 오자임.
57 昨는 昨의 오자임.
58 怪로 본 경우도 있으나, 파른본과 조종업본에는 怖가 분명함. [壬]에서는 글자의
　 자획이 일부 안 보이나, 怖로 판단됨.
59 酵은 酵의 오자임. 파른본, 조종업본, [壬] 모두 酵로 되어 있음.

奠 以已奠陳享 三獻未終 得暴疾 歸家而斃

然古人有言 淫祀無福 反受其殃 前有英規 後有佞[60]必 父子
之謂乎

又有賊徒 謂廟中多有金玉 將來盜焉 初之來也 有躬擐甲
冑 張弓挾矢 猛士一人 從廟中出 四面雨[61]射 中殺七八人 賊
徒奔走 數日再來 有大蟒長三十餘尺 眼光如電 自廟旁出 咬
殺八九人 粗得完免者 皆僵仆而散 故知陵園表裏 必有神物
護之

自逮[62]安四年己卯始造 逮今上御圖三[63]十一載 大[64]康二年
丙辰 凡八百七十八年 所封美土 不騫不崩 所植佳木 不枯不
朽 況所排列万蘊玉之片片 亦不頹圻[65] 由是觀之 辛替否曰
自古迄今 豈有不忘[66]之國 不破之墳 唯此駕洛國之昔曾亡 則
替否之言有徵矣 首露廟之不毀 則替否之言 未足信也

此中更有戲樂思慕之事 每以七月二十九日 土人吏卒 陟
乘岾 設帷幕 酒食歡呼 而東西送目 壯健人夫 分類以左右之
自望山島 駿蹄駸駸 而競湊於陸 鷁首泛泛 而相推於水 北指

---

60 佞는 俊의 오자임.
61 雨은 雨의 오자임.
62 逮은 建의 오자임.
63 글자의 2/3 정도가 결실되었음.
64 大는 太의 오자임.
65 圻는 圻의 오자임.
66 忘은 亡의 오자임.

186

古浦而爭趨 盖此昔留天神鬼等 望后之來 急促告君之遺迹
也

國亡之後 代代稱號不一 新羅第三十一政明王即位 開耀
元年辛巳 號爲金官京 置大[67]守 後二百五十九年 屬我大[68]祖
統合之後 代代爲臨海縣 置排岸使 四十八年也 次爲臨海郡
或爲金海府置都護府 二十七年也 又置防禦使 六十四年也

淳化二年金海府量田使中大夫趙文善申省狀稱 首露陵王
廟屬田結數多也 宜以十五結仍舊貫 其餘分折於府之役丁
所司傳狀奏聞 時廟朝宣旨曰 天所降卵 化爲聖君 居位而延
齡 則一百五十八年也 自彼三皇而下 鮮克比肩者歟 崩後自
先代俾屬廟之壙敟 而今減除 良堪疑懼 而不允 使又申省 朝
廷然之 半不動於陵廟中 半分給於鄉人之丁也 節使[量田使稱[69]
也] 受朝旨 乃以半屬於陵園 半以支給於府之徭役戶丁也 幾
臨事畢 而甚勞倦 忽一夕夢[70]見七八介鬼神 執縲紲 握刀劒而
至 云你有大憝 故加斬戮 其使以謂受刑而慟楚 驚懼而覺 仍
有疾瘵 勿令人知之 宵遁而行 其病不間[71]渡關而死 是故量田
都帳不著印也 後人奉使來 審撿[72]厥田 才[73]一結十二負九束

---

67 大는 太의 오자임.

67 大는 太의 오자임.
68 大는 太의 오자임.
69 파른본과 조종업본에는 稱. [壬]에는 稚로 잘못되어 있음.
70 상부 획이 屮가 아니라 刀로 되어 있음.
71 間은 問의 오자임.
72 파른본과 조종업본에는 撿, [壬]에는 檢.

也 不足者三結八十七負一束矣 乃推鞫斜入處 報告內外官
勅理足支給焉

又有古今所嘆息者 元君八代孫金銍王克勤爲政 又切崇眞
爲世祖母許皇后[74]奉資冥福 以元嘉二十[75]九年壬辰 於元君與
皇后合婚之地創寺 額曰王后寺 遣使審量近側平田十結 以
爲供億三寶之費 自有是寺五百[76]後 置長遊寺 所納田柴并三
百結 於是右寺三剛[77] 以王后寺在寺柴地東南標內 罷寺爲莊
作秋收冬藏之場 秣馬養牛之廐 悲夫 世祖已下九代孫曆數
委錄于下

銘曰

元胎肇啓 利眼初明 人倫雖誕 君位未成

中朝累世 東國分京 雞林先定 駕洛後營

自無銓宰 誰察民氓 遂兹玄造 顧彼蒼生

用授符命 特遣精靈 山中降卵 霧裏藏刑[78]

內猶漠漠 外亦冥冥 望如無象 聞乃有聲

羣歌而奏 衆舞而呈 七日而後 一時所□[79]

---

73 才는 十의 오자임.
74 제대로 글자가 찍히지 않은 것인지, 글자 획이 위아래 일부만 보임. 조종업본에는 后.
75 파른본과 조종업본, [壬(고)]에는 十, [壬]에는 ノ획이 더 있어서 千과 비슷함.
76 百 다음에 歲 또는 年이 빠졌음.
77 剛은 綱의 오자임.
78 刑은 形의 오자임.

風吹雲卷 空碧天青 下六圓卵 垂一紫纓

殊方異土 比屋連甍 觀者如堵 覩者如羹

五歸各邑 一在茲城 同時同迹 如弟如兄

實天生德 爲世作程 寶位初陟 寰區欲清

華搆⁸⁰徵古 土階尚平 万機始勉 庶政施行

無偏無儻 惟一惟精 行者讓路 農者讓耕

四方奠枕 萬姓迓衡 俄晞薤露 靡保椿岭

乾坤变氣 朝野痛情 金相其躑 玉振其聲

來苗不絕 薦藻惟馨 日月雖逝 規儀不傾⁸¹

居登王 父首露王 母許王后 立⁸²安四年己卯三月二⁸³十三日
即位 治三十九⁸⁴年 嘉平五年癸酉九月十七日崩 王妃泉府卿
申輔女慕貞 生太子麻品 開皇曆云 姓金氏 盖國世祖從金卵
而生 故以金爲姓尒

麻品王 一云馬品 金氏 嘉平五年癸酉即位 治三十九年 永
平元年辛亥二⁸⁵月二十九日崩 王妃宗正監趙匡孫女好仇 生

---

79 종이가 훼손되어 글자가 거의 보이지 않음. 상부에 가로획만 보임. [壬]에는 丁으로
되어 있는데, 글자가 하단부에 치우쳐 있어서, 寧으로 추정되어 왔음. 파른본의
남은 자획은 寧과는 다름.
80 파른본과 조종업본에는 搆, [壬]에는 構.
81 亻과 頁 사이에 'ㄱ'와 같은 획만 보임. 조종업본도 동일함. [壬]에는 傾.
82 고려 太祖의 이름 '建'의 피휘.
83 파른본과 조종업본에는 二, [壬]에는 해당 글자가 공백으로 되어 있음.
84 건안 4년은 199년이며, 가평 5년은 253년으로, '三十九'는 '五十五'의 잘못임.

太子居叱弥

居叱弥王 一云今勿 金氏 永平元年即位 治五十六年 永和
二年丙午七月八日崩 王妃阿躬阿[86]干孫女阿志 生王子伊品

伊尸品王 金氏 永和二年即位 治六十二年 義熙三年丁未
四月十日崩 王妃司農卿克忠女貞信 生王子坐知

坐知王 一云金叱 義熙三年即位 娶傭女 以女黨爲官 國內
擾乱 雞林國以謀欲伐 有一臣名朴元道 諫曰 遺草閱閱亦含
羽 況乃人乎 天亡地陷 人保何基 又卜士筮得解卦 其辭曰
解而悔[87] 朋至斯孚 君鑒易卦乎 王謝曰可 擯傭女 貶於[88]荷山
島 改行其政 長御安民也 治十五年 永初一[89]年辛酉五月十二
日崩 王妃道寧大阿干女福壽 生子吹希

吹希王 一云叱嘉 金氏 永初二年即位 治三十一年 元嘉二
十八年辛卯二月三日崩 王妃進思角干女仁德 生王子銍知

銍知王 一云金銍王 元嘉二十八年即位 明年 爲世祖許黃
玉玉[90]后 奉資冥福 於初與世祖合御之地 創寺曰王后寺 納田
十結充之 治四十二年[91] 永明十年壬申十月四日崩 王妃金相

---

85 파른본과 조종업본에는 二, [壬]에는 一.

86 종이가 훼손되어 좌변의 획이 보이지 않음. [壬]에는 阿가 선명함.

87 悔는 拇의 오자임.

88 파른본, 조종업본, [壬(고)]에는 於, [壬]에는 於의 'ː'획이 없음.

89 조종업본과 [壬]에는 二. 파른본은 상부의 가로획이 제대로 찍히지 않은 것으로 생각됨.

90 玉은 王의 오자임. 조종업본과 [壬]도 동일함.

沙干女邦媛 生王子鉗知

　鉗知王 一云金鉗王 永明十年即位 治三十年[92]□□[93]二年辛
丑四月七日崩 王妃出忠角干女淑 生王子仇衡

　仇衡王 金氏 正光二年即位 治四十二年[94] 保定二年壬午九
月 新羅第二十四君眞興王 興兵薄伐 王使視[95]軍卒 彼衆我寡
不堪對戰也 仍遣同氣脫知尒叱今 留在於國 王子上孫卒支公
等 降入新羅 王妃分叱水尒叱女桂花 生三子 一世宗[96]角干 二
茂刀[97]角干 三茂得[98]角干 開皇錄云 梁中大通四年壬子 降于新
羅

　議曰 案三國史 仇衡以梁中大通四年壬子 納土投羅 則計
自首露初即位東漢建武十八年壬寅 至仇衡末壬子 得四百
九十年矣 若以此記考之 納土在元魏保定二年壬午 則更三
十年 摠五百二十年矣 今兩存之

---

91 『삼국유사』 권1 왕력에는 三十六年.
92 종이가 훼손되어 글자 하부가 보이지 않음.
93 종이가 훼손되어 '正光' 두 자는 보이지 않음. [壬]에는 正光이 선명함.
94 『삼국유사』 권1 왕력에는 十二年.
95 파른본과 조종업본에는 視, [壬]에는 親. 視는 親의 오자임.
96 『삼국사기』 권4 신라본기 법흥왕 19년조에는 奴宗.
97 『삼국사기』 권4 신라본기 법흥왕 19년조에는 武德.
98 『삼국사기』 권4 신라본기 법흥왕 19년조와 권43 열전 김유신조(하)에는 武力.

파른본 삼국유사 교감

2016년 1월 18일 인쇄
2016년 1월 29일 발행

발행처 연세대학교 박물관
우) 03722 서울특별시 서대문구 연세로50 연세대학교 박물관
TEL : 02) 2123-3335~3343 / FAX : 02) 2123-8667

인 쇄 도서출판 혜안
우) 04052 서울특별시 마포구 와우산로35길 3(서교동)
TEL : 02) 3141-3711, 3712 / FAX : 02) 3141-3710

ISBN 978-89-8494-545-6 93910
값 30,000원

푸른 삼국유사

目　次

i

ii

三國遺事

三國遺事 王曆第一

前漢宣帝　新羅

五鳳甲子四　　第一赫居世 姓朴卵生年十

甘露戊辰四　　娥伊英娥英㡭日□徐□㑚

黃龍甲申一　　三甲子即位理六十年妃

元帝　　　　　伐久㲱熊斯荒㑚雞林

初元癸酉五　　說王崩時如覽雞

　　　　　　　林之号

永光戊寅五

建昭癸未六　　甲申等金城

戍帝　　　　　　　　　　高麗

建始己丑四　　　　　　　第一東明王
　　　　　　　　　　　　甲申立理十八
　　　　　　　　　　　　姓高名朱
　　　　　　　　　　　　蒙一作鄒
　　　　　　　　　　　　蒙壇君之子

二

河平巳漢四

陽朔丁酉四

鴻嘉辛丑四

永始乙巳四

元延乙酉四

哀帝二

哀帝

建平乙卯四

元壽己未二

平帝

第二瑠璃王　百濟

一作累利又留

東明子立壬寅　第一溫祚王

㵐三十六年　東明第三子王

姓解氏　第二㕦如在

城一云蛇川本社

位四十五部

山

丙辰移都漢

山今廣州

三

羅第二南解次次雄　麗　濟　洛

元始辛酉七　羅第二南解次次雄
父赫居世母閼英姓朴氏妃雲帝夫人甲子立理二十年

閞亥内城亦
後都國
而城
六不

孺子
初始辰一
此王位亦云居西干

新室

建國巳五
第三弩礼尼叱今
父南解母雲帝夫人妃
王之女金氏巳申立理
立理二十六年

各無恤一作昧
留姓解氏瑠璃
王第三子戊寅

天鳳戊六

地鳳辰三
第三大虎神王

更始未二

後漢虎帝
威作尼師今
二十三年尼叱今

第四閔中王色
第二多婁王
駕洛國一作伽耶
朱姓解氏大虎…
温祚弟二子戊…
子甲辰立理四十九
子立理四十…
首露王今金州
一作伽那

建虎酉三王

四

第五弩禮王 年

閔中之兄名愛留一作愛留口作憂戊申立理五年

是月即位理一百五十八年因金邪而坐故娃　金氏開皇曆載

明帝

永平戊七

第四脫解尼叱今一作吐解尼叱今

昔氏父琓夏國含達婆王一作花夏國王母積女之女妃南解王之女阿老夫人丁巳立理二十三年王崩水葬未召疏井丘中塑骨鍊像立奉安東岳今東岳大王

中元辰丙二

第六國祖王

名宮永云大祖王一作國祖王癸丑立理九十三年後漢書云十三年初生開目能視自後遜位于母弟次大王

章帝

建初子八

第五婆娑尼師今姓朴氏父弩礼王母辞要王之妃史肖夫人庚辰立理三十二年

元和申三

第三巳妻王

多妻子丁丑立理五十五年

章和亥二

和帝

五

永元己丑十七　羅　羆　齊　洛

殤帝
元興巳

安帝

延平丙午

永初丁未七　第六祇磨尼叱今
　一作祇味　姓朴氏父婆娑
　母史肖夫人妃磨帝国
　王之女　礼金氏王子立理二十三
　　　一作愛

元初甲寅六

永寧庚申

建光辛酉

迎光壬戌四　今山
　年是王代誠音沔只
　国今安康及押梁国

順帝

永建寅兩六第七逸聖尼吡今　　　　第四蓋婁王

陽嘉壬吡申　父弩札王之兄戚云極

永和丙子六　葺君王妃　礼夫人日知　礼

漢安午壬二　夫人　麁君王之安母伊　王

建康甲　十年

冲帝

永嘉乙酉

本初丙戌

帝

桓帝

建和丁亥三

已妻子戊辰立歷三十八年

列生夫人戚云
夫人廿氏甲戌立歷二

第七次大王名遂

國祖王母弟丙戌立歷十九年

羅	嚴	濟	洛

和帝

元嘉辛卯二

永興癸巳三　第八阿達羅尼今　乙巳國禪至年十百九歲兄二王但見弑于新王

永壽乙未三

延熹戊戌九　又嚴後國相嶺　第八新大王名第五肖古王作

永康丁未　立兒仌彌勒大阮東嶺嶺是也　立理十四年　一作伯句乙巳素古蓋裵子兩午立理五十年

靈帝

建寧戊申四　第九故國川王

熹平壬子六

光和戊午　名男虎戊戌

中平甲子五　第九伐休尼叱今　夷謨己立

漢獻帝

永漢巳

初平庚午四

興平甲戌二

建安丙子

曹魏文帝 第十蔡

黃初庚子七

明帝 第十一助

大和丁未六

青龍癸丑四

景初丁巳三

地名

理二十年國川
齊自國壤及本

尼叱㟸 第十

尼叱㟸 第六仇首王 第二居登王

第十一東川王

第七沙泮王作一 沙泮仇首之子立助廢

首露子冊 首露子冊 卯立理五十姓金氏

許皇后巳

之子甲午立 理二十

理三十 一年

九

齊王　　　　羅　　　　　麗　　　　濟　　　　洛

正始庚九　第十二理解尼氏本

嘉平巳五
王之同母弟也丁卯立
一作詔解王昔氏助賣
罷十五年始如

高貴卿
高歲通聘

正元戊二

甘露丙子四

陳留王

景元庚辰四　第十三末鄒尼叱

西晉虎帝
一作味焰又羊相承宗
今召姓金氏始立父似

泰始乙酉十
述札夫人甲非高貴全
道昌文王母坐身一作

咸寧丁未五
光明娘孝立羅平十七年
之女朴氏妃諸賣貞夫全
若尺庚寅

第八古尓王
之母弟甲寅
立躍五十二年

第十三西川王
名藥盧又

第三麻品王
諸葛廬王母泉
府朝申輔之
女慕貞夫
入已卯立

第十四儒禮尼叱今
一作世里智王　昔氏父諸
賀母　昔人林氏甲辰

立理二十年

第九主貶智王
理三
工二年

古尔子一作青　替誅丙午立

元康辛亥九
立治十五年
賀母
昔夫人林氏甲辰

娃蔿王名相夫
壬子立治八年

治十
二年

第四烽上王云
古尔子一作青

惠帝

第十五基臨尼叱今
一作基立　壬普氏諸賀
王之第二子也　毋尼阿尔

子戊午立
治六年

第十汾西王攬
第四居叱旅
王一作今勿父
麻四毋好優
辛亥立治
五十五年

永寧壬戌二

太安壬戌二

第十五美川王
一云好攘名乙
弟又淪家弟審

第十一比流王
優者第二子沙
沸之弟也甲子
立治四十年

永興甲子三
夫人戊午立
治十二年

立理三
十一年

立治四
十年

光熙丙寅

第十六乞解尼叱今
昔氏父老音角干
即祖解王第二子也

網羅四方之民云之或
系智證法興之世
新者德業日新
丁卯年定國號曰新羅
羅者

懷帝

永嘉丁卯六

庚午立治十六年是王
代百済兵始来侵

愍帝

建興酉承四

一一

東晉中宗	羅	麗	濟	洛
建虎 丁丑 一				
大興 戊寅 四				
明帝				
永昌 壬午				
大寧 癸未 三				
顯宗				
咸和 丙戌 九	已丑始築碧骨堤 周一万七千二十六步	第十六國罡		
咸康 乙未 八	百六十六步水 日一万四千七十	名釗又斯由或云罡上 辛卯立理四十年		
康帝		平壤城 增築		
建元 癸卯 二		壬寅八月移 都安市城郎	第十二契王 汾西元子	

寧康 乙 三

大元 丙子 二十一

安帝

隆安 丁酉 五

元興 壬寅 三

義熙 乙巳 十六

恭帝

元熙 己未 十一年

宋武帝

第十八國壤王　名伊速又於只支　甲申立治八年

第十九廣開王　名談德壬辰立治二十一年

第二十長壽王　……治七十九年

第十五枕流王　近仇首子

第十六辰斯王　枕流王薨乙酉立治七年

第十七阿莘王　一作阿芳辰斯子壬辰立治十三年

第十八腆支王　一作真支名暎阿莘子乙巳立治十五年

第十九訥祇麻立干　內只王金氏父文祭勿王母内礼希夫人金氏未鄒王女丁巳治七十九年

第六坐知王　一云金叱王父伊尸品母……

十四年

十一年

後廢帝	大宗	大明丁酉八	孝建甲午三	世祖	元嘉甲子三元	文帝	景平乙酉	小帝	永初庚申三
	泰始乙巳八								

第十九久尒辛王　第七吹希王
膚文子庚申立治七年
一云金吉父久尒辛
王母福辛酉立
治三十年

丁卯移都平壤城

第二十毗有王　第八歷知王
久尒辛子丁亥立治二十八年
一云金歷
母仁德立甲卯立　帝
治三十六年

第二十慈悲麻立干　第二十蓋鹵王
金氏父訥祗母阿老夫人一作次老
一云近蓋鹵王名慶司乙未立治二

夫人巴胡葛文王之女戊戌立治二十一年
蔦文王女一作未比希角干一作角干女慶司乙未立治二
年

始與吳國通己未年倭國兵來侵始等
明結城入避来圍梁州二城不克而還

羅　元徽丑美四

順帝　昇明巳丁二

嚴

濟　洛

齊太祖　建元起四　第三十二文周王
一作文州盖鹵子乙卯
立核都熊川□二年
丁巳立□二年

第三十三文咨明
名余大□□□珠
帝又□大三

第三十一文周王

永明亥癸十一
如王金氏慈悲王第三
母□□角干之女巳素
立□二十一年　妃期
室蘭□文王之女

第三十□□慶麻立干　作

高宗　建元起四

廢帝

第三十四東城王
王名明□好□太
介有之堂弟第包
末立□二十六年

第二十二智訂麻立干
王雲圣高雲□□
父鉅知王母那
孃生申立□

建虎戌甲四　第二十二智訂麻立干
立□二十七年

第九鉗知王

永泰寅戊

立□四年

立□二十一年

一六

一七

作智地老又智度貽王金氏父訥祗
蘭女妃迎帝夫人後攬代漢只董諱作
事弗期貿曾文主母烏生夫人訥祗王
扁干之女庚辰立理十四年

和帝
　　巳上爲上古
中興 巳辛一
　　巳丁爲中古

梁高祖 第二十五虎寧王
　　名斯摩即東城第二子辛巳立
　　理二十二年南史云名狄餘隆訛
　　尖隆乃寶藏王之
　　大子詳見唐史

天監 壬午八 第二十三安藏王
篤王法興君　名原宗金氏
　　　　　用帝元
　　　　　立理十二年

普通 庚子七 第二十四安原王
　　名寶迎辛亥
　　立理三十一年 第二十六聖王
　　　　　　　名明
　　　　　　虎寧子美谷

大通 丁未二 第二十五陽原王
　　名宝迎辛亥
　　立理十四年 第二十九衛王
　　　　　　　名知
　　　　　　子母女辛五立

中大通 巳酉六 建元 丙辰 第二十六陽原王戊午
　　　年號始此 遷都泗此
　　　　　　撤南抗余

大同 丙寅
大同亂十二 第二十四真興王 國除

羅夫人朴氏年⊏⊐羆

剋戰伯口之女終時亦農

列陸三十七年

濟

大清列三 丁

簡文帝

太寶 庚午

俟景

大始 辛末　開國 辛末十七

承聖 壬申四

敬帝

紹泰 乙亥　第二十七威德

太平 丙子一　王名島又明甲戌 立理四十四年

陳高祖

永定町三

文帝

天嘉辰顾六

天康戌丙

光大亥丁二　　　第二十五平阿至

宣帝　　　　　　一作平阿名陽城
　　　　　　　　南史云高陽巳卯
大昌子戌四　　　立理三
　　　　　　　　十一年

大建己十四
鴻濟庭十二

第二十五真智王　名合輪一作金輪金氏及真丑班英失角
　　　　　　　　干久女息連一作色刀夫人朴氏妃知刀夫
　　　　　　　　人起烏公之女朴氏尚帝
　　　　　　　　立租四年庚辰在皇興寺北

第二十六真平王　各白淨父銅輪王二名東輪
　　　　　　　　太子母立宗蒦又王之女
　　　　　　　　一云苐二方夫人名符義先妃摩耶夫人金
　　　　　　　　氏名福肹口後妃僧滿夫人孫氏巳亥立

一九

聖德关卯四 羅　　　　麗　　　濟

禎明丁未三　　　　　　第二十六顯湯

隋文帝　　　　王一云平湯名堯　第二十八惠王
　　　　　　　云大元湯庚戌　名季一云獻王威

開皇庚子十　　　　　　徳子戊午立

仁壽辛酉四

煬帝　　　立治二　　第二十九法王
　　　　　十八年　　名孝順又宣惠
大業乙丑十　　　　王子巳未立

恭帝　　　　　　　　　第三十武王
義寧丁丑　　　　　　　武名武康名璋
　　　　　　　　　　小名䔖薯名璋
唐太祖　　　　　　　　　　　庚
　　　　　　　　　申立治四
武德戊寅九　第毛榮留　十一年

大宗

真觀丁亥三　第二十二善德女王 名德曼父真平王母麻耶夫人金氏聖骨男盡　　王名 又建
　　　　　　故女王立王之匹欽葛文　　　　　　　　　　　　　　　　　　　　　成戊寅立治
　　　　　　耶夫人金氏聖骨　　　　　　　　　　　二十四年　　　　第三十一義慈
　　　　　　仁平甲午立治十四年

高宗

永徽庚戌六　第二十八真德女王 名勝曼金氏父真平王　第二十八室藏王
　　　　　　之弟國真安葛文王母　　　　　　　　　　王武王子辛丑立
　　　　　　阿尼夫人朴氏奴角干追封庸天葛文王　　　　治二十年
　　　　　　女也歲辛明非也丁未立治七年　　　主宗立治

大和戊申己未二十右真骨　　　　　　　　　　　　二十七年

現慶丙辰五　第二十九大宗武烈王 名春秋金氏真智
　　　　　　王子龍春一作龍樹毋天明夫人諡文
　　　　　　真大后真平王之女也妃訓帝夫人諡文明王
龍朔辛酉三　興葛文王之子也龍春一作龍樹毋夫人諡文
臨庚寅立之妹小名文　　　　　　　　　　　　庚申國除自溫
熙也甲寅立治七年　　　　　　　　　　　　　祚至癸卯至庚申

麟德甲子二　第三十文武王 名法敏大宗之子也毋訓帝　六百七十八年
　　　　　　夫人妃慈義一作訥王后善品

乾封丙寅二　海干之女辛酉立治二十
　　　　　　年陵在感恩寺東海中

總章戊辰二　羅

咸亨庚午四

上元甲戌二

儀鳳丙子三

調露己卯

永隆庚辰

開耀辛巳

永淳壬午

虎后

洪道癸未

文明甲申

第三十一神文王　金氏名政明字曰炤炤
文虎王母慈訥王后妃
神穆王后金運公之
女辛巳立理十一年

麗戊辰國濟

除自東明甲
申至戊辰
合七百
五年

二二

周

垂拱乙酉四

永昌乙丑一

天授庚寅二

長壽壬辰二

第三十二孝昭王 名理恭一作洪金氏父神文王母神穆王后壬辰立理十年陵在望德寺東

延載甲午一

天冊乙未

通天丙申

神功丁酉

聖曆戊戌二

久視庚子

長安辛丑四　羅第三十三聖德王　名興光本名隆基避唐玄宗諱先妃陪昭王后諡嚴貞元大之母孝昭之母弟也後妃占勿王后諡炤

中宗

德順无角干之女壬寅立理三十五年法流寺在東村南一云楊長谷

神龍乙巳二

景龍丁未三

睿宗

景雲庚戌二

玄宗

先天壬子　先天子

開元癸丑克　第三十四孝成王　金氏名承慶父聖德王母炤德太后妃惠明王后真宗角干之女丁丑立理五年法流寺火葬骨散東海

天寶壬午　第三十五景德王　金氏名憲英父聖德王母炤德太后先妃三毛夫人出宮无後妃滿月夫人諡景垂王后垂一作穆依忠角干之女

宿宗　壬午立理二十三年初西岳鍊石為陵後移葬楊長谷中

興元甲子　德宗　建中庚申四　大曆丙午西　永泰乙巳　廣德癸卯二　代宗　寶應壬寅二　上元庚子二　乾元戊戌二　聖德丙申二

第三十七宣德王　金氏名亮相父孝方海干追封開聖大王即元訓角干之子　毋四召夫人謚　謚貞懿大后聖德王之女　妃具足王之女

第三十六惠恭王　金氏名乾運父景德母滿月王后先妃神巴夫人魏正角干之女　妃昌昌夫人金將角干之女乙巳立理十五年

品角干之女　庚申立理五年

貞元乙丑二十　羅　第三十八元聖王　金氏名敬愼一作敬信唐書云敬則父孝讓大阿
干追封明德大全母仁
一云焉夫人諡昭文王
妃淑貞夫人神述角干之女乙丑立理
十四年陵在鵠寺今崇福寺有也致遠所
碑

順宗　永貞酉乙　第三十九昭聖王　金氏名俊邕父惠忠大子母聖
穆太后妃桂花王后鳳明公女乙卯立而崩

憲宗　元和丙戌十五　第四十哀莊王　金氏名重熙一云清明父昭聖母桂
花王后辛卯立
理十年元和四年己丑七月十九日王之叔父彦昇悳與
悳兩伊干所
害而崩

穆宗　長慶辛丑四　第四十一憲德王　金氏名彦昇昭聖之母弟妃貴勝娘諡皇娥王后忠
恭角干之女己丑立理十九年陵在泉林村北

敬宗　寶曆乙巳三

文宗　第四十二興德王　金氏名景暉憲德母弟妃章花夫人諡定穆王后昭
聖之女丙午立理十年陵在安康北比火壤與妃昌花合葬

大和[辛]九

開成丙辰五　第四十三僖康王　金氏名愷隆（一作悌）隴父憲貞角干諡興聖大王（一作□）母美道夫人（一作深乃夫人□巴）利夫人諡順成大后忠衍大阿干之女也妃文穆王后忠孝角干之女一云重恭角干丙辰年□理二年

虎宗
會昌辛酉六　第四十四閔哀王　金氏名明父忠恭角干追封宣康大王母追封惠忠王之女貴寶夫人諡宣懿王后妃无容皇后永公角干之女戊午立至己未正月二十二日崩

宣宗
第四十五神虎王　金氏名佑（一作祐）父均貞角干追諡成德大王母貞□夫人追封明海（祖禮英□一作孝真）妃真從一云繼大后明海之女己未四月立至十一月二十三日崩

第四十六文聖王　金氏名慶膺父神虎王母貞從太后己未十一月立理十九年

大中丁卯十三　第四十七憲安王　金氏名誼靖神虎王之弟母昕明夫人戊寅立理三年

懿宗
咸通庚辰　第四十八景文王　金氏名膺廉父啟明角干追封義（恭今恭父即僖康王之子也）母神虎王之女光和夫人文資后憲安王之女辛巳立理十四年

二七

僖宗　　羅

乾符甲癸　第四十九憲康王　金氏名曰晸父景文
　　　　　　王母文資皇聖后一云

廣明子庚　義明王后乙未
　　　　　　立理十一年

中和丑辛四　第五十定康王　金氏名晃閔哀王之
　　　　　　母弟丙午立而崩

光啓巳三　第五十一真聖女王　金氏名曼文憲定
　　　　　　之妹　大角干追封惠成大王丁未立
　　　　　　理十年丁巳遜位于小子孝恭王十二月崩

昭宗　　之正
　　　　　　理十年辛丁巳遜位于小子孝恭王十二月崩

文德申戊　火葬散骨于牟梁
　　　　　　西岳一作末黄山

龍紀配

大順戌庚二

景福子壬二

乾寧寅甲四　第五十二孝恭王　金氏名嶢父憲康王庶子母
　　　　　　資皇后丁巳立理十五年
　　　　　　丁巳移都松岳郡

後高麗　弓裔　大順庚戌始投北原
　　　　　賊良吉麾下後
　　　　　都鐵圓城今東
　　　　　州也

後百濟　甄萱　壬子始都
　　　　　光州

火兎天師子寺北曾藏

光化戊三　　于○知提東山○脇　辛酉孫

天復酉辛三　　高麗

景宗　　甲子改國号摩　震置元虎泰

天祐子甲三

朱染

開平卯丁四　第五十一神德王朴氏名景微本名秀宗母真礼夫人夫人之父乂順　鐵原

乾化未辛四　弘角干追謚成虎大王祖元角干乃阿達王之遠孫父乂允伊干追封宣成大王母△　甲戌遷

末帝　威奉寺資具申立理五年△△藏骨于藏峴南　鐵原還

貞明亥乙六　第五十四景明王朴氏名昇英父神德母資成妃　戊寅黄六月番　孔大祖即位

龍德巳辛二　火兎大皇福寺披僧于省寺仍山西　岳郡是年劇　法王慈雲

後唐

明宗

同光未癸

天成丙戌四

長興庚寅四

閔帝　末帝

清泰甲午二

石晉

天福丙申八

三　羅　第五十五景哀王　朴氏名魏膺月　景明之母弟也

母貞妃成甲申　立理二年

第五十六敬順王金氏　傅父孝宗伊干

乙未納土歸于

丙午封謚興大王母桂娥　追封神興大王祖官　康主之

陵

東南洞

自五鳳甲子至乙未

合九百九十二年

麗　王輪四帝叔

合刱又刱大

神院師謚新興　文珠通地義

前大事皆尼足年

乙未當子神劍

襄父自立

丙申統三

是年國除

自壬子至乙丑

四年而亡

前漢　高惠小文　景虎昭宣　元成衷平孺

後漢　光明　殤安順　桓靈豐彘獻

魏晉宋齊梁陳隋

李唐　大　高則中睿玄肅　代德順憲

穆　文虎宣　僖昭景

朱梁　後唐　石晉　劉漢　郭周

大宋

紀異卷第一

　叙曰大抵古之聖人方其禮樂興邦仁義設教

則怪力亂神在所不語然而帝王之將興也膺

符命受圖籙必有以異於人者然後能乘大變

握大器成大業也故河出圖洛出書而聖人作

以至虹繞神母而誕羲龍感女登而注炎皇娥

遊窮桑之野有神童自稱白帝子交通而生

昊簡狄吞卵而生契姜嫄履跡而生弃胎孕十

四月而生堯龍交大澤而生沛公自此而降豈

可殫記然則三國之始祖皆發乎神異何足怪

歲此紀異之所以漸諸篇也意在斯焉

古朝鮮〈王儉〉 朝鮮

魏書云乃往二千載有壇君王儉立都阿斯達〈經云無〉葉山亦
在白岳在白州地或云在開城東今白岳宮是開國號朝鮮與高同時古記云
昔有桓因〈謂帝庶子桓雄數意天下貪求人世父知子〉叙也
意下視三危太伯可以弘益人間乃授天符印三箇遣
往理之雄率徒三千降於太伯山頂〈即太伯今妙香山〉神壇樹
下謂之神市是謂桓雄天王也將風伯雨師雲師而主
穀主命主病主刑主善惡凡主人間三百六十餘事在
世理化時有一熊一虎同穴而居常祈于神雄願化為

三三

人時神遺靈艾一炷蒜二十枚曰爾輩食之不見日光

百日便得人形熊虎得而食之忌三七日熊得女身虎

不能忌而不得人身熊女者無與爲婚故每於壇樹下

呪願有孕雄乃假化而婚之孕生子號曰壇君王俭以

唐高即位五十年庚寅（唐堯即位元年戊辰則五十年丁巳非庚寅也疑其未實）都

平壤城（今西京）始稱朝鮮又移都於白岳山阿斯達又名

弓（一作方）忽山又今彌達御國一千五百年周虎王即位己

卯封箕子於朝鮮壇君乃移於藏唐京後還隱於阿斯

達爲山神壽一千九百八歲唐裴矩傳云高麗本孤竹

國（今海州）周以封箕子爲朝鮮漢分置三郡謂玄菟樂浪

帶方北方通典亦同此說漢書則真臨樂玄四郡今云三郡名又不同何耶

魏滿朝鮮

前漢朝鮮傳云自始燕時常畧得真番朝鮮國師古曰戰國時畧得此地也為置吏築障秦滅燕屬遼東外徼漢與為遠難守復修遼東故塞至浿水為界在樂浪郡師古曰浿水屬燕燕王盧綰反入凶奴燕人魏滿亡命聚黨千餘人東走出塞渡浿水居秦故空地上下障稍侵屬真番朝鮮蠻夷及故燕齊亡命者王之都王儉城在樂浪郡浿水之東李奇曰地名臣瓚曰王儉城以兵威侵降其旁小邑真番臨屯皆來服屬方數千里傳子至孫右渠師古曰孫名右渠真番辰國欲上書見天子雍關不通

元封二年漢使涉何諭右渠終不肯奉詔何去

至界臨浿水使馭刺殺送何者朝鮮裨王長師古曰送何者名也

即渡水馭入塞遂歸報天子拜何為遼東之部都尉朝

鮮怨何襲攻殺何天子遣樓舡將軍楊僕從齊浮渤海

兵五萬左將軍荀彘出遼討右渠右渠發兵距嶮樓舡

將軍將齊七千人先到王俊右渠城守規知樓舡軍小

即出擊樓舡樓舡敗走僕失眾遁山中獲免左將軍擊

朝鮮浿水西軍未能破天子為兩將未有利乃使衛山

因兵威往諭右渠右渠請降遣大子獻馬人眾萬餘持

兵方渡浿水使者及左將軍疑其為變謂大子已服宜

毋持兵大子亦疑使者詐之遂不渡浿水復引歸報天
子誅山乓將軍破浿水上軍迺前至城下圍其西北樓
朳亦往會居城南右渠堅守數月未能下天子以久不
能決使故濟南大守公孫遂往正之有便宜將必從事
遂至縛樓舩將軍并其軍與乓將軍急擊朝鮮朝鮮相
路人相韓陶尼谿相參將軍王唊（地名四人也）師古曰尼谿相與謀
欲降王不肯之陶唊路人皆上降漢路人道死元封三
年夏尼谿相參使人殺王右渠來降王俟城未下故右
渠之大臣成巳又反左將軍使右渠子長路人子最告
諭其民謀殺成巳故遂定朝鮮為真番臨屯樂浪

玄菟 四郡

馬韓

魏志云魏滿擊朝鮮朝鮮王準率宮人左右越海而南

至韓地開國號馬韓甄萱上大祖書云昔馬韓先起赫

世勃興於是百濟開國於金馬山崔致遠云馬韓麗也

辰韓羅也據本紀則羅先起甲子麗後起甲申而此云

韓而因之者以王準言之耳以此知東明之起已并馬

韓羅也者故稱麗為馬韓今人或認金馬山以馬韓為

韓為百濟者盖誤濫也地自有邑山故名馬韓也四

夷 九夷 九韓 穢貊周禮職方氏掌四夷九

貊者

東夷之種即九夷也三國史云溟州古穢國野人耕田

得穢王印獻之 又春州古牛首州古貊國又或云今

朔州是貃國或平壤城爲貃國淮南子注云東方之夷

九種 論語正義云九夷者 一玄菟 二樂浪 三

高驪 四滿飾 五鳬史 六索家 七東屠 八倭

人 九天鄙 海東安弘記云九韓者 一日本 二

中華 三吳越 四乇羅 五鷹遊 六鞅鞨 七丹

國 八女眞 九穢貃

二府

前漢書昭帝始元五年巳亥置二外府謂朝鮮舊地平

那及玄菟郡爲平州都督府臨屯樂浪等兩郡之地

置東部都尉府四私曰朝鮮傳則眞番玄菟臨屯樂浪等

今有平那無眞番盖一地二名也

七十二國

通典云朝鮮之遺民分爲七十餘國皆地方百里後漢
書云西漢以朝鮮舊地初置爲四郡後置二府法令漸
頗分爲七十八國各萬戸　馬韓在西有五十四小邑皆
稱國　辰韓在東有十二小邑各稱國　弁韓在南有
十二小邑各稱國

樂浪國

前漢時始置樂浪郡應邵曰故朝鮮國也　新唐書注
云平壤城古漢之樂浪郡也　國史云赫居世三十年
樂浪人來投　又第三弩禮王四年高麗第三無恤王
伐樂浪滅之其國人與帶方　帶方投于羅又慈悲王二

十七年光虎帝遣使伐樂浪取其地為郡縣薩水巳南

漢擾上諸文樂浪即平壤城宜矣或云樂浪中頭

又

漢山下棘鞨之界薩水今大同江也未詳孰是

昝濟溫祚之言曰東有樂浪北有棘鞨則始古漢時樂

浪郡之屬縣之地也新羅人亦以稱樂浪故今本朝亦

國之而稱樂浪郡夫人又大祖降女於金傳亦曰樂浪

公主

北帶方

北帶方本竹軍城新羅弩禮王四年帶方人與樂浪人

殺于羅其後皆皆稽國今康降

南帶方

撥此皆前漢所置二郡名

四一

曹魏時始置南帶方郡𨽛府原故云帶方之南海水千里

曰瀚海為帶方郡後漢建安中以馬韓南荒地夫韓遂屬是也

鞨勿詐渤海

通典云渤海本粟末鞨至其酋柞榮立國自號震旦

先天中玄宗始去鞨號專稱渤海開元七年㠯柞榮

死謚為高王世子龍襲立明皇賜典用龑襲王私改年號遂

為海東盛國地有五京十五府六十二州後唐天成初

契丹攻破之其後為丹所制戊寅三國史云儀鳳三年高宗高麗殘孽類聚此依

大伯山下國號渤海開元二十年間明皇遣將討之又

聖德王三十二年玄宗甲戌渤海鞨越海侵唐之置

州玄宗討之又新羅古記云高麗舊將柞榮姓大民聚

殘兵立國於大伯山南國號渤海按上諸文渤海乃鞨

鞨之別種但開合不同而已按賈耽郡國志云渤海國

指掌圖渤海在長城東北角外

之鴨淥南海扶餘鄡城四府並是高麗舊地也自新羅

又三

泉井郡地理志朔州領縣

郡个湧州至楲誠府三十九驛又三

國史云百濟末年渤海鞨新羅分百濟地㨾此則鞨海又分爲

也二國羅人云北有鞨南有倭人西有百濟是國之害

也又鞨地接阿瑟羅州

又東明記云卒本城地

連鞨或云今羅第六祗麻王十四年以鞨兵大入

北境龍袞大嶺柵過泥河 後魏書鞨作勿吉 指掌

圖云挹屢與勿吉皆肅慎也 黑水 沃沮 按東坡

指掌圖辰韓之北有南北黑水 按東明帝立十年滅

四三

北沃沮溫祚王四十三年南沃沮二十餘家來投新羅

又赫居世五十三年東沃沮來獻良馬則又有東沃沮

矣指掌圖黑水在長城北　沃沮在長城南

伊西國

弩禮王十四年伊西國人來攻金城　按雲門寺古傳

諸寺納田記之貞觀六年壬辰伊西郡今部村零味寺

納田則今部村今清道地即清道郡古伊西郡

五伽耶按駕洛記賛云垂一紫纓下六圓卵五歸各邑一在茲城則一爲首露王

餘五各爲五伽耶之主金官不入五數當矣而本朝史畧並數金官而濫記昌寧誤

阿羅耶一作耶伽耶安今咸　古寧伽耶今咸　大伽耶今今咸星山伽

今京山一又本朝史署云大祖天福五年
耶么碧弥小伽耶城个固

庚子改五伽耶名一金官海為府二古寧為加三非火昌今
寧恐高靈之訛

餘二阿羅星山作碧珍伽耶同前星山或

北扶餘

古記云前漢書宣帝神爵三年壬戌四月八日天帝降
于訖升骨城在大遼醫州界乘五龍車立都稱王國號北扶餘
自稱名解慕漱生子名扶婁以解為氏焉王後因上帝
之命移都于東扶餘東明帝継北扶餘而興立都于卒
本州為卒本扶餘即高句麗之始下見

東扶餘

北扶餘王解夫婁之相阿蘭弗夢天帝降而謂曰將使

吾子孫立國於此汝其避之謂東明將興之兆也東海之濵有地

名迦葉原土壤膏腴宜立王都阿蘭弗勸王移都於彼

國號東扶餘夫婁老無子一日祭山川求嗣所乘馬至

鯤淵見大石相對淚流王怪之使人轉其石有小兒金

色蛙形王喜曰此乃天賚我令徹子乃收而養之名曰

金蛙及其長為大子夫婁薨金蛙嗣位為王次傳位于

大子帶素至地皇三年壬午高麗王無恤伐之殺王帶

素國除

高句麗

高句麗即卒本扶餘也或云今和州又成州等皆誤矣

卒本州在遼東界國史高麗本記云始祖東明聖帝姓

言氏諱朱蒙先是北扶餘王解夫妻旣避地于東扶餘

及夫妻薨金蛙嗣位于時得一女子於大伯山南優渤

水問之云我是河伯之女名柳花與諸弟出遊時有一

男子自言天帝子解慕漱誘我於熊神山下鴨淥邊室

中知之而往不返壇君記云君與西河河伯之女要親

徼殺河伯之女頭後産子名曰夫妻今按此記則解慕

子右曰夫妻夫妻與朱蒙異母兄弟也壇君記云産子父母責我無

媒而從人遂謫居于此金蛙異之幽閉於室中為日光

河照引身避之日影又逐而照之因而有孕生一卵大

五升許王弄之與犬豬皆不食又棄之路牛馬避之弄
之野鳥戰覆之王欲剖之而不能破乃還其母以物
裹之置於暖處有一兒破殼而出骨表英奇年甫七歲
歧疑異常自作弓矢百發百中國俗謂善射為朱蒙故
以名為金蛙有七子常與朱蒙遊戲技能莫及長子帶
素言於王曰朱蒙非人所生若不早圖恐有後患王不
聽使之養馬朱蒙知其駿者減食令瘦駑者善養令肥
王自乘肥瘦者給蒙王衆諸子與諸臣將謀害之蒙母
知之告曰國人將害汝以汝才畧何往不可宜速圖之
於是蒙與烏伊等三人為友行至淹水詳　告水曰我

是天帝子河伯孫本日此遁逃者垂及奈何於是鼈黽

成橋得渡而橋解追騎不得渡至本州之界玄菟郡遼都

焉朱蒙作宮室但結廬於沸流水上居之國號高句驪

因以高為氏本姓解也本自言是天帝子時年十二歲

殊日光而生故自以高為氏

漢孝元帝建昭二年甲申歲即位稱王　高麗全盛之

日二十一万五百八戶珠琳傳第二十一卷載昔寧東

離王待婢有娠相者占之曰貴而當王王曰非我之胤

也當殺之婢曰氣從天來故我有娠及子之產謂為不

祥捐圈則猪噓欄則馬乳而得不死卒為扶餘之王
即東明帝為卒本扶餘王之謂也此本扶餘亦是北扶
餘之別都故云扶餘王也寧禀離乃夫婁王之異稱也

卞韓　百濟　亦云南扶餘
　　　　　　即泗沘城也

新羅始祖赫居世即位十九年壬午卞韓人以國來降

新舊唐書云卞韓苗裔在樂浪之地　後漢書云卞韓

在南馬韓在西辰韓在東　致遠云卞韓百濟也　按

本記溫祚之起在鴻嘉四年甲辰則後於赫世東明之

世四十餘年而唐書云卞韓苗裔在樂浪之地云者謂

溫祚之系出自東明故云耳或有人出樂浪之地立國

於卞韓與馬韓等並峙者在溫祚之前爾非所都在樂

浪之北也或者濫九龍山亦名卞那山故以高句麗為

卞韓者盖謬當以古賢之説為是百濟地自有卞山故

云下韓百濟全盛之時十五萬二千三百戶

辰韓亦作
辰韓秦韓

後漢書云辰韓耆老自言秦之亡人来適韓國而馬韓

割東界地以與之相呼為徒有似秦語故或名之為秦

韓有十二小國各萬戶稱國又崔致遠云辰韓本燕人

避之者故取涿水之名稱所居之邑里云沙涿漸涿等

羅人方言讀涿音為道故今或作沙梁梁亦讀道

新羅全盛之時京中十七萬

八千九百三十六戶　一千三百六十坊　五十五里

三十五金入宅言富潤大宅也　南宅　北宅　亏比所宅

本彼宅　梁宅　池上宅本彼部　財買井宅庾信公祖宗

坑維宅　南維宅下坊香寺　隊宅　賓支宅亥香寺　長沙

宅　上櫻宅　下櫻宅　水望宅　泉宅　揚上宅南㮣

漢岐宅法流寺南　鼻穴宅同上　板積宅芬皇寺上坊　別教宅北川

御南宅　金楊宗宅梁藁　曲水宅北川　柳也宅寺

下宅　沙梁宅　井上宅　里南宅弓开　思內曲宅

池宅寺上宅大宿　林上宅東方有池青龍之寺　橋南宅

巷叱宅本彼部　樓上宅　里上宅　橋南宅　井下宅

又四節遊宅

春東野宅　夏谷良宅　秋仇知宅　冬加伊宅

第四十九憲康大王代城中無一草屋接角連墻歌吹

蒲路盡夜不絕

新羅始祖　赫居世王

辰韓之地古有六村一曰閼川楊山村南今曇嚴寺長

曰謁平初降于瓢嵒峯是為及梁部李氏祖弩礼王九年置名及梁部

本朝太祖天福五年庚子改名中二曰突山高墟村長

興部玖潛東山彼上東村屬焉（梁讀云道亦音道或作涿亦音道）鄭氏祖

蘇伐都利初降于兄山是為沙梁部（梁讀云道亦音道）鄭氏祖

今曰南山部仇良伐麻等烏道北迴德等南村屬焉

大祖所置也下例知　三曰茂山大樹村長曰俱（礼）礼馬初降于伊

山（一作皆）比山是為漸梁（一作涿）部又年梁部孫氏之祖令云長福部

朴谷村等西村屬焉四曰觜山珍支村（一作賓之又水之）長曰智伯

虎初降于花山是為本彼部崔氏祖今曰通仙部崇巴
等東南村屬焉遂乃本彼部人也今皇龍寺南味吞
寺南有古墟云是崔侯古宅也殆明矣　五曰金山加
利村寺之北山也　長曰祗沱一作祗陀只他　初降于明活山是
為漢歧部又作韓歧部裴氏祖今玄加德部上下西知
乃兒等東村屬焉　六曰明活山高耶村長曰虎珍初
降于金剛山是為習比部薛氏祖今臨川部勿伊村仍
仇旀村闕谷一作葛谷等東北村屬焉　按上文此六部之
祖似皆從天而降弩禮王九年始改六部名又賜六姓
今俗中興部為母長福部為父臨川部為子加德部為

女其賢未詳前漢地節元年壬子

女其賢未詳前漢地節元年壬子 <small>古本云建虎元年又云建元三年等皆誤</small>

三月朔六部祖各率子弟俱會於閼川岸上議曰我輩

上無君主臨理蒸民民皆放逸自從所欲盍覓有德人

爲之君主立邦設都乎於是乘高南望楊山下蘿井傍

異氣如電光垂地有一白馬跪拜之狀尋撿之有一紫

卵 <small>一云青</small> 馬見人長嘶上天剖其卵得童男形儀端美

驚異之浴於東泉 <small>東泉詞腦野北</small> 身生光彩鳥獸率舞天地

振動日月清明因名赫居世王 <small>蓋鄉言也或作弗矩內王言光明理世也說者</small>

<small>云是西述聖母之所誕也故中華人讚仙桃</small>
<small>賢肇邦之語是也乃至雞龍現瑞產閼英又焉知非西</small>
<small>述聖母之位號曰居瑟邯或云關智居西于一起因其</small>
<small>所現耶</small>

五五

言辨之自後為時人爭賀曰今天子已降宜覓有德女

王者之尊稱

君配之是日沙梁里閼英井一作娥利英井邊有雞龍現而左

脇誕生童女一云龍現死而剖其腹得之姿容殊麗然而唇似雞觜

將浴於月城北川其觜撥落因名其川曰撥川營宮室

於南山西麓今昌林寺奉養二聖兒男以卵生卵如瓠鄉人

以瓠為朴故因姓朴女以所出井名名之二聖年至十

三歲以五鳳元年甲子男立為王仍以女為后國號徐

羅伐又徐伐今俗訓京字云徐伐以此故也又云斯羅又斯盧初王生

於雞井故云雞林國以其雞龍現瑞也一說脫解王

時得金閼智而雞鳴於林中乃改國號為雞林後世遂

定新羅之號理國六十一年王升于天七日後遺體散
落于地后亦云上國人欲合而葬之有大地迸禁各葬
五體為五陵亦名蛇陵曇嚴寺北陵是也大子南解王
継位

第二南解王

南解居西干亦云次次雄是尊長之稱唯此王稱之父
赫居世母閼英夫人妃雲帝夫人一作雲梯今迦日縣西有雲梯山聖母祈
應旱有感前漢平帝元始四年甲子即位御理二十一年以
地皇四年甲申崩此王乃三皇之第一云按三國史云
新羅稱王曰居西干辰言王也或云呼貴人之稱或曰

次次雄或作慈充　金大問云次次雄方言謂巫也世

人以巫事鬼神尚祭祀故畏敬之遂稱尊長者為慈充

或云尼師今言謂齒理也初南解王薨子弩禮讓位於

脫解解云吾聞聖智人多齒乃試以餅噬之古傳如此

或曰麻立干　作輔　立一　金大問云麻立者方言謂橛也橛標

准位而置則王橛為主臣橛列於下因以名之史論曰

新羅稱居西干次次雄者一尼師今者十六麻立干者

四羅末名儒崔致遠作帝王年代曆皆稱某王不言居

西干等豈以其言鄙野不足稱之也今記新羅事具存

方言亦宜矣羅人凡追封者稱葛文王未詳此王代樂

五八

浪國人來侵金城不克而還又天鳳五年戊寅高麗之

裨屬七國來投

第三弩禮王

朴弩禮尼叱今一作儒王　初王與妹夫脫解讓位脫解云

尼有德者多齒宜以齒理試之乃咬餠驗之王齒多故

先立因名尼叱今尼叱今之稱自此王始劉聖公更始

元年癸未即位年表云甲申即位改定六部號仍賜六姓　始

作兜率歌有嗟辭詞腦格　始製黎耜及藏氷庫作車

萊建虎十八年伐伊西國滅之是年高麗兵來侵

第四脫解王

脫解齒叱今（一作吐解）南解王時（古本云壬寅年至者謬矣近則後於弩禮即位之初無爭讓之事前則在於赫居之世故知壬寅非也）駕洛國海中有舡來泊其國首露王與臣民鼓譟而迎將欲留之而舡乃飛走至於雞林東下西知村阿珎浦（今有上西知下西知村名）時浦邊有一嫗名阿珍義先乃赫居王之海尺之母望之謂曰此海中元無石嵓何因鵲集而鳴牽舡尋之鵲集一舡上舡中有一櫝子長二十尺廣十三尺曳其船置於一樹林下而未知凶乎吉乎向天而誓爾俄而乃開見有端正男子幷七寶奴婢滿載其中供給七日迺言曰我本龍城國人（亦云正明國或云琓夏國琓夏國龍城在倭東北一千里）我國嘗有

二十八龍王從人胎而生自五歲六歲継登王位教萬
民修正性命而有八品娃骨然無揀擇皆登大位時我
父王含達婆媱積女國王女為妃久無子胤禱祀求息
七年後産一大卵於是大王會問羣臣人而生卵古今
未有殆洑言祥乃造檳置我并七寶奴婢載於舡中浮
海而祝曰任到有緣之地立國成家便有赤龍護舡而
至此矣言訖其童子曳杖率二奴登吐含山上作石塚
留七日望城中可居之地見一峯如三日月勢可久之
地乃下尋之即瓢公宅也乃設詭計潛埋砺炭於其側
詰朝至門云此是吾祖代家屋瓢公云否爭訟不決乃

六一

告于官官曰以何驗是汝家童曰我本冶正作出隣郷

而人取居之請堀地挨看從之果得砺炭乃取而居焉

時南解王知脱解是智人以長公主妻之是為阿尼夫

人一日解登東岳迴程次令白衣索水飲之白衣汲

水中路先嘗而進其角盂貼於口不解因而噴之白衣

誓曰爾後若近遙不敢先嘗然後乃解自此白衣龍高

不敢欺問今東岳中有一井俗云遙乃井是也及弩礼

王崩以光虎帝中元六年丁巳六月乃登王位以昔是

吾家取他人家故因姓昔氏或云因鵲開檟故去鳥字

姓昔氏解檟脱夘而生故因名脱解在位二十三年建

初四年己卯崩葬疏川丘中後有神詔慎埋葬我骨其

髑髏周三尺二寸身骨長九尺七寸齒凝如一骨節皆

連瑣所謂天下無敵力士之骨碎爲塑像安闕內神人

報云我骨置於東岳故令安之（一云崩後二十七世文虎王代調露二年庚辰三月十五日辛酉夜見夢於太宗有老人貌甚威猛曰我是脫解也拔我骨於疏川丘塑像安於土含山王從其言故至今國祀不絕）

卽東岳神也云

金閼智 脫解王代

永平三年庚申（一云中元六年誤矣中元盡二年而已）八月四日夜瓠公夜

行月城西里見大光明於始林中（鳩林一作有紫雲從天垂

地雲中有黃金樻掛於樹枝光自樻出亦有白雞鳴於

樹下以狀聞於王駕幸其林開撥有童男卧而即起如
赫居世之故事故因其言以閼智名之閼智即鄉言小
兒之稱也抱載還闕鳥獸相隨喜躍蹌蹌王擇吉日冊
位大子後讓於婆娑不即王位因金櫝而出乃姓金氏
閼智生熱漢熱漢生阿都都生首留郁部部生俱道
一作仇刀道生末鄒鄒即王位新羅金氏自閼智始

　　延烏郎　細烏女

第八阿達羅王即位四年丁酉東海濱有延烏郎細烏
女夫婦而居一日延烏歸海採藻忽有一巖一云一魚負歸
日本國人見之曰此非常人也乃立為王前後無新羅

按日本帝記云

六四

人爲王者與乃遇邑

小王而非眞王也

亦上其嚴嚴齊宵歸如前其國人驚訝奏皾於王夫婦

相會立爲貴妃是時新羅日月無光日者奏云日月之

精降在我國今去日本故致斯怪王遣使求二人延烏

曰我到此國天使然也今何歸乎雖然朕之妃有呀織

綃以此祭天可矣仍賜其綃使人來奏依其言而祭

之然後日月如舊藏其綃於御庫爲國寶名其庫爲貴

妃庫祭天所名迎日縣又都祈野

細烏怪夫不來歸尋之見夫脫鞋

　末鄒王　　竹葉軍

第十三末鄒尼叱今一作末祖金閼智七世孫赫世紫...

纓仍存聖德受禪于理解始登王位今俗稱王之陵為

始登王位啟後代金氏諸王皆以末鄒為始祖宜矣在位二十三年而崩陵在興

輪寺東第十四儒理王代伊西國人來攻金城我大舉

防禦久不能抗忽有異兵來助皆珥竹葉與我軍幷力

擊賊破之軍退後不知所歸但見竹葉積於末鄒陵前

乃知先王陰騭有功因呼竹現陵越三十七世惠恭王

代大曆十四年己未四月忽有旋風從庾信公塚起中

有一人乘駿馬如將軍儀狀亦有衣甲器仗者四十許

人隨從而來入於竹現陵俄而陵中似有振動哭泣聲

或如告訴之音其言曰臣平生有輔時救難匡合之功

今為魂魄鎮護邦國攘災救患之心暫無渝改往者庚
戌年臣之子孫無罪被誅君臣不念我之功烈臣欲遠
移毗所不復勞勤顧王允之王答曰惟我與公不護此
邦其如民庶何公復努力如前三請三不許旋風乃還
王聞之懼乃遣工臣金敬信就金公陵謝過焉為公立
功德寶田三十結于鷲仙寺以資冥福寺乃金公討平
壞後植福所置故也非未鄒之靈無以過金公之怒王
之護國不為不大矣是以邦人懷德與三山同祀而不
墜躋秩于五陵之上稱大廟云

奈勿王 一作那 金堤上

第十七㦤密王即位三十六年庚寅倭王遣使來朝曰

寡君聞大王之神聖使臣等以告百濟之罪於大王也

顧大王遣一王子表誠心於寡君也於是王使第三子

美海<small>一作未以</small>聘於倭美海年十歲言辭動止猶未備

具故以內臣朴娑覽為副使而遣之倭王留而不送三

十年至訥祇王即位三年己未句麗長壽王遣使來朝云

寡君聞大王之弟寶海秀智才藝願與相親特遣小臣

懇請王聞之幸甚因此和通命其弟寶海放句麗以

內臣金正謚為輔而送之長壽王又留而不送至十年

乙丑王召集群臣及國中豪俠親賜御宴進酒三行衆

樂初作王垂涕而謂群臣曰昔我聖考誠心民事故使

愛子東聘於倭不見而崩又朕即位已來隣兵甚熾戰

爭不息句麗獨有結親之言朕信其言以其親爭聘於

句麗句麗亦留而不送朕雖慮富貴而未嘗一日暫忘

而不哭若得見二爭共謝於先主之廟則能報恩於國

人誰能成其謀策時百官咸奏曰此事固非易也必有

智勇方可臣等以為歃羅郡大守堤上可也於是王召

問焉堤上拜對曰臣聞主憂臣辱主辱臣死若論難

易而後行謂之不忠圖死生而後動謂之無勇臣雖不

肖願受命行矣王甚嘉之分鰡而飲握手而別堤上簾

前受命往趨北海之路變服入句麗進於寶海兩共謀

逃期先以五月十五日歸泊於高城水口而待期日將

至寶海稱病數日不朝乃夜中逃出行到高城海濱王

知之使數十人追之至高城而及之然寶海在句麗常

施恩於左右故其軍士憫傷之皆拔箭鏃而射之遂免

而歸王既見寶海益思美海一欵一悲垂淚而謂左右

曰如一身有一臂一面一眼雖得一而亡一何敢不痛

于時堤上聞此言再拜辭朝而騎馬不入家而行直至

於栗浦之濱其妻聞之走馬追至栗浦見其夫已在舡

上矣妻呼之切懇堤上但搖手而不駐行至倭國詐言

曰雞林王以不罪殺我父兄放逃來至此矣倭王信之

賜室家而安之時堤上常陪美海遊海濱逐捕魚鳥以

其所獲每獻於倭王王甚喜之而無疑焉適曉霧濛晦

堤上曰可行矣美海曰然則偕行堤上曰臣若行恐倭

人覺而追之願臣留而止其追也美海曰今我與汝如

父兄焉何得辛汝而獨歸堤上曰臣能救公之命而慰

大王之情則足矣何願生乎取劒獻美海時雞林人康

仇麗在倭國以其人從而邀之堤上入美海房至於明

旦左右欲入見之堤上出止之曰昨日馳走於捕獵病

其未起及子曰昊尤右怪之而更問焉對曰美海行已

久矣先右奔告於王王使騎兵逐之不及於是囚堤上

問曰汝何竊遣波國王子耶對曰臣是雞林之臣非倭

國之臣今欲成吾君之志耳何敢言於君乎倭王怒曰

今汝已為我臣而言雞林之臣則必具五刑若言倭國

之臣者必賞重禄對曰寧為雞林之犬独不為倭國之

臣子寧受雞林之箠楚不受倭國之爵禄王怒命屠剥

堤上脚下之反刈蒹葭使趨其工（俗云蒹葭上有血堤上之血）

問曰汝何國臣乎曰雞林之臣也又使立於熱鐵上問

何國之臣乎曰雞林之臣也倭王知不可屈燒殺於木

島中美海渡海而來使康仇麗先告於國中王驚喜命

七二

百官迎於屈歇驛王與親弟寶海迎於南郊入關設宴
大赦國內冊其妻為國大夫人以其女子為美海公夫
人議者曰昔漢臣周苛在榮陽為楚兵所虜項羽謂周
苛曰汝為我臣封為万禄侯周苛罵而不屈為楚王所
殺堤上之忠烈無慚於周苛矣初堤上之發去也夫人
聞之追不及及至望德寺門南沙上放臥長號因名其
沙曰長沙親戚二人扶腋將還夫人舒脚坐不起名其
地曰伐知音久後夫人不勝其慕率三娘子上鵄述嶺
望倭國痛哭而終仍為鵄述神母今祠堂存焉

第十八實聖王

義熙九年癸丑平壤州大橋成〈恐本揚州也〉南平壤王忌憚前王

太子訥祗有德望將害之請高麗兵而詐迎訥祗高麗

人見訥祗有賢行乃倒戈而殺王乃立訥祗為王而去

　　射琴匣

第二十一毗處王〈智王一作〉炤即位十年戊辰幸於天泉亭

時有烏與鼠來鳴鼠作人語云此烏去處尋之〈一云神德王欲〉

行香具輪寺路見衆鼠含尾怪之而還占之明日先鳴烏尋之云此訛也王命騎士追之

南至避村〈今壤避寺村在南山東麓〉兩猪相鬪留連見之忽失烏所

在徘徊路旁時有老翁自池中出奉書外面題云開見

二人死不開一人死使來獻之王曰與其二人死莫若

不開但一人死可曰官姿之二人者庶民也一人者王

也王然之開見書中之射琴匣王入宮見琴匣射之乃

內殿焚修僧與宮主潛通而所奸也二人伏誅自爾國

俗每正月上亥上子上午等日忌愼百事不敢動作以十

六日為烏忌之日以糯飯祭之至今行之俚言怛忉言

悲愁而禁忌百事也命其池曰書出池

智哲老王

第二十二智哲老王姓金氏名智大路又智度路諡曰智

澄諡號始于此又鄉稱王為麻立干者自此王始王以

永元二年庚辰即位或云辛巳則三年也王陰長一尺五寸難於

嘉耦發使三道求之使至午梁部冬老樹下見二狗嚙

一屍塊如戲大爭嚙其兩端訪於里人有一小女告云

此部相公之女子洗澣于此隱林而所遺也尋其家拾

之身長七尺五寸具事奏聞王遣車邀入宮中封為皇

后群臣皆賀、又阿瑟羅州沿溟東海中便風二日程

有亏陵島今作羽陵周迴二万六千七百三十步島夷恃其

水深憍慠不臣王命伊喰朴伊宗將兵討之宗作木偶

師子載於大艦之上威之乞不降則放此戰島夷畏而

降賞伊宗為州伯

真興王

第二十四真興王即位時年十五歲大后乃攝政大后乃

法興王之女子立宗葛文王之妃終時削髮被法衣而

逝承聖三年九月百濟兵來侵於珎城掠取人男女三

万九千馬八千疋而去先是百濟欲與新羅合兵謀伐

高麗真興曰國之興在天若天未猒高麗則我何敢

望焉乃以此言通高麗高麗感其言與羅通好而百濟

怨之故來爾

桃花女　鼻荊郎

第二十五舍輪王謚真智大王姓金氏妃起烏公之女

知刀夫人大建八年丙申即位（右本云十一）御國四年

政亂荒婬國人廢之前此沙梁部之庶女姿容艷美時
號桃花娘王聞而召致宮中欲幸之女曰女之所守不
事二夫有夫而適他雖万乗之威終不襄也王曰殺之
何女曰寧斬于市有頭靡他王戲曰無夫則可乎曰可
王放而遣之是年王見廢而崩後二年其夫亦死浹旬
忽夜中王如平昔來於女房曰汝昔有諾今無夫可
乎女不輕諾告於父母父母曰君王之教何以避之以
其女入於房留御七日常有五色雲覆屋香氣滿室七
日後忽然無蹤女因而有娠月滿將産天地振動産得
一男名曰鼻荊真平大王聞其殊異收養宮中年至十

五校老執事每夜迸去遠遊王使勇士五十人守之每飛

過月城西去荒川岸上城在京率鬼衆遊勇士伏林中窺

伺鬼衆聞諸寺曉鍾各散郎亦歸矣軍士以事來奏王

召皐新曰汝領鬼遊信半郎曰然王曰然則汝使鬼衆

成橋於神元寺北渠云荒川東深渠一作神衆寺誤一荊奉勅使其徒

鍊石成大橋於一夜故名鬼橋王又問鬼衆之中有出

現人間輔朝政者乎曰有吉達者可輔國政王曰與來

翌日荊與俱見賜爵執事果忠直無雙時角干林宗無

子王勅為嗣子林宗命吉達創樓門於興輪寺南每夜

去宿其門上故名吉達門一日吉達變狐而道去勅使

鬼捉而殺之故其衆聞畏荊之名怖畏而走時人作詞

曰聖帝魂生子鼻荊郎室亭飛馳諸鬼衆此處莫留

傳鄉俗帖此詞以辟鬼

天賜玉帶　清泰四年丁酉五月正承人金傅獻鎮鎮金糚玉排方腰帶一條長十圍鎮鎮鋑六十二日是真平王天賜帶也太祖受之藏之內庫

第二十六白淨王諡真平大王金氏大建十一年己亥

八月即位身長十一尺駕幸內帝釋宮亦名天柱寺踏王之所創

石梯二石並折王謂左右曰不動此石以示後來即城

中五不動石之一也即位元年有天使降於殿庭謂王

曰上皇命我傳賜玉帶王親奉跪受然後其使上天凡

八〇

郊廟大祀皆服之後高麗王將謀伐羅乃曰新羅有三

寶不可犯何謂也皇龍寺丈六尊像一其寺九層塔二

真平王天賜玉帶三也乃止其謀讚曰　雲外天頒玉

帶圍璧雍龍襃雅相宜吾君自此身彌重准擬明朝鐵

作墀

善德王知幾三事

第二十七德曼〈万一作〉諡善德女大王姓金氏父真平三

以貞觀六年壬辰即位御國十六年凡知幾有三事初

唐大宗送畫牧丹三色紅紫白以其實三升王見畫花

曰此花定無香仍命種於庭待其開落果如其言一於

靈廟寺玉門池冬月眾蛙集鳴三四日國人怪之問於

王王急命角干閼川弼吞等鍊精兵二千人遠去西郊

問女根谷必有賊兵掩取殺之二角干旣受命各率千

人問西郊富山下果有女根谷百濟兵五百人來藏於

彼並取殺之百濟將軍亐召者藏於南山嶺石上又圍

而射之殪又有後兵一千三百人來亦擊而殺之一無

孑遺三王無恙時謂群臣曰朕死於其年某月日葬我

於忉利天中群臣冈知其處奏云何四王曰狼山之南也

至其月日王果崩群臣葬於狼山之陽後十餘年文庫

大王剏四天王寺於王墳之下佛経云四天王天之上

有忉利天乃知大王之靈聖也當時群臣啓於王曰何
知花蛙二事之然乎王曰畫花而無蝶知其無香斯乃
唐帝欺寡人之無耦也蛙有怒形兵士之像玉門者女
根也女爲陰也其色白白西方也故知兵往西方男根
入於女根則必死矣以是知其易捉於是群臣皆服其
聖智送花三色者盖知新羅有三女王而然耶謂善德
真德眞聖是也唐帝以有懸解之明善德之創靈廟寺
具載良志師傳詳之　別記之是王代鍊石築瞻星臺

真德王

第二十八眞德女王即位自製大平歌織錦爲紋命使

往唐戲之一李命春秋公為使往仍請兵大宗三嘉之許

現慶庚申非大宗乃高宗之世定方云者昏謬矣現慶前春秋已盡住

故知織錦為紋非請兵時也在真德之世當矣盖請放

之時歟也唐帝嘉賞之改封為雞林國王其詞曰　大唐

開洪業魏魏皇獻昌止戈戎威定修文契百王統天崇

雨施理物体含章深仁諧日月抚軍迈虞唐幡旗何赫

赫鏵鏓何鏜鐙外夷違命者前為覆被天映淳風凝幽睍

遐邇競呈祥四時和玉燭七曜巡万方維嶽降輔寧維

帝任忠良五三成一德昭我唐家皇　王之代有闢川

公林宗公述宗公虎林公之父藏廪長公庚信公會于南

山亐知嚴議國事時有大虎走入座間諸公驚起而闢

八四

川公略下稜動談笑自若捉虎尾撲於地而殺之關川

公督力如此慶於廣首然諸公皆服庾信之威新羅有

四靈地將議大事則大臣必會其地謀之則其事必成

一東曰青松山二曰南亐知山三曰西皮田四曰北金

剛山是王代始行正旦礼始行侍郎号

　　　金庾信

虎力伊干之子舒玄角干金氏之長子曰庾信弟曰欽

純妹妹曰寶姫小名阿海妹曰文姫小名阿之庾信公

以真平王十七年乙卯生禀精七曜故背有七星文又

多神異年至十八壬申修劍得術為國公時有白石者

不知其所自來屬於徒中有年郎以代嚴祖之事曰夜

深謀白石知其謀告於郎曰僕請與公窓先探於彼然

後圖之何如郎喜親率白石夜出行方憩於峴上有二

女隨郎而行至骨火川留宿又有一女忽然而至公與

三娘等喜話之時娘等以美菓餽之郎受而噄之心諳

相許乃說其情娘等告之云公之所言已聞命矣顧公謝

白石而共入林中更陳情實乃與俱入娘等便現神形

曰我等奈林穴禮骨火等三所護國之神今敵國之人

誘郎引之郎不知而進途我欲留郎而至此矣言訖而

隱公聞之驚仆再拜而出宿於骨火館謂白石曰今歸

八六

他國志其要文請與爾還家取來遂與還至家拷縛白

石而問其情曰我本高麗人古本云百濟誤矣楸南乃言

王事寶藏我國群臣曰新羅庾信是我國卜筮之士楸南

也古本作春也南誤矣國界有逆流之水或云雄雖九使其卜之

葵曰大王夫人逆行陰陽之道其端如此大王驚悚而

王妃大怒謂是妖狐之語告於王更以他事驗問之史

言則加重刑乃以一鼠藏於合中問是何物其人奏曰

是必鼠其命有八乃以謂失言將加斬罪其人誓曰吾

死之後願爲大將必滅高麗矣即斬之剖鼠腹而視之

其命有七於是知前言有中其日夜大王夢楸南入于

新羅舒玄公夫人之懷以告於羣臣皆曰撼南誓忌而
死是其果然故遣我至此謀之爾公乃刑白石備百味
祀三神皆現身受奠金氏宗財買夫人死葬於青淵上
谷因名財買谷每年春月一宗士女會宴於其谷之南
澗于時百卉敷榮松花滿洞府林谷口架築為庵因名
松花房傳為願剎至五十四景明王追封公為興虎大
王陵在西山毛只寺之北東向走峰

太宗春秋公

第二十九太宗大王名春秋姓金氏龍樹一作龍春角干追
封文興大王之子也妣真平大王之女天明夫人妃文

明皇后文姬即庚信公之季妹也初文姬之娣寶姬夢

登西岳捨弱綝滿京城旦與妹諒夢文姬聞之謂曰我

買此夢妹曰與何物乎曰鸎錦裙可乎妹曰諾妹開襟

受之妹曰曏之夢傳付於汝妹以鸎裙酬之後旬日

庚信與春秋公正月午忌日　見上射琴匣事就蹴鞠于庚　乃崔致遠之說蹴鞠

信宅前　羅人謂蹴鞠為弄珠之戲　故蹴春秋之裙裂其襟紐曰請入

吾家縫之公從之庚信命阿海奉針海曰豈以細事輕

近貴公子乎因辭病不進　古本云　因乃命阿之公知庚信之意

遂幸之自後數數來往庚信知其有娠乃嘖之曰爾不

告父母而有娠何也乃宣言於國中欲焚其妹一日俟

善德王遊幸南山積薪放庭中焚火烟起王知之問何烟

左右奏曰殆庾信之焚妹也王問其故曰為其妹無夫

有娠王曰是誰所為時公昵侍在前顔色大變王曰是

汝所為也速往救之公受命馳馬傳宣沮之自後行婚

禮真德王薨以永徽五年甲寅即位御國八年龍朔元

年辛酉崩壽五十九歲葬於哀公寺東有碑王與庾信

神謀戮力一統三韓有大功於社稷故廟號大宗大子

法敏角干仁問角干文王角干老且角干智鏡角干愷

元等皆文姬之所出也當時賣夢之徵現於此矣庶子

曰皆知文級干車得令公馬得阿干并女五人王膳一

日飯米三斗雄雉九首自庚申年鹹百濟後除晝鱐但
朝暮而已然計一日米六斗酒六斗雄十首城中市價
布一疋租三十碩或五十碩民謂之聖代在東宮時欲
征高麗因請兵入唐唐帝賞其風彩謂為神聖之人因
留侍衛力請乃還時百濟末王義慈乃虎王之元子也
雄猛有膽氣事親以孝友于兄弟時號海東曾子以貞
觀十五年辛丑即位躭嬪酒色政荒國危佐平　百濟成
忠極諫不聽因放獄中瘦困濱死書曰忠臣死不忘君　爵名
願一言而死臣嘗觀時變必有兵革之事凡用兵審擇
其地處上流而迎敵可以保全若異國兵來陸路不使

過炭峴　一云沉峴隘要害之地　水軍不使入伎伐浦　築一作只火　即長嵒又孫

浦又據其險臨以禦之然後可也王不省覧慶四年已

未百濟烏會寺　亦云烏合寺　有大赤馬晝夜六時遶寺行道

二月衆狐入義慈宮中一白狐坐佐平書案上四月大

子宮雌雞與小雀交婚五月泗沘　泗沘江名　岸大魚出死長

三丈人食之者皆死九月宮中槐樹鳴如人哭夜鬼哭

宮南路上五年庚申春二月王都井水血色西海邊小

魚出死百姓食之不盡泗沘水血色四月蝦蟇數萬集

於樹上王都市人無故驚走如有捕捉驚仆死者百餘

土失財物者無數六月王興寺僧皆見如舡楫隨大水入

寺門有大犬如野鹿自西至泗沘岸向王宮吠之俄不
知所之城中群犬集於路上或吠或哭移時而散有一
鬼入宮中大呼曰百濟亡百濟亡即入地王怪之使人
掘地深三尺許有一龜其背有文百濟圓月輪新羅如
新月問之巫者云圓月輪者滿也滿則虧如新月者未
滿也未滿則漸盈王怒殺之或曰圓月輪盛也如新月
者微也意者國家盛而新羅寢微乎王喜大宗聞百濟
國中多怪變五年庚申遣使仁問請兵唐高宗詔左虎
衛大將軍荊國公蘇定方為神丘道行策總管左衛
將軍劉伯英字仁遠左虎衛將軍馮士貴左驍衛將軍

麗孝公等統十三万兵來征〔卿記云軍十二万二千七百十一人舡一千九百隻〕而唐史不

以新羅王春秋為嵎夷道行軍揔管將其國詳言之兵與之合勢〔定方〕引兵自城山濟海至國西德勿島羅

王遣將軍金庾信領精兵五万以赴之義慈王聞之會

群臣問戰守之計佐平義直進曰唐兵遠涉濱海不習

水羅人恃大國之援有輕敵之心若見唐人失利必疑

懼而不敢銳進故知先與唐人決戰可也達率常永等

曰不然唐兵遠來意欲速戰其鋒不可當也羅人屢見

敗於我軍今望我兵勢不得不恐今日之計宜塞唐人

之路以待師老先使偏師擊羅折其銳氣然後伺其便

而合戰則可得全軍而保國矣王猶預不知取從時佐
平興首得罪流竄于古馬祚知之縣遣人問之曰事急
矣如何首曰大縣如佐平成忠之說大臣等不信曰興
首在縲紲之中惡君而不愛國矣其言不可用也莫若
使唐兵入自江即代破浿沿流而不得方舟羅軍外炭峴由
徑而不得並馬當此之時縱兵擊之如在籠之雞罹綱
之魚也王曰然又聞唐羅兵已過白江炭峴遣將軍偕
伯帥死士五千出黃山與羅兵戰四合皆勝之然兵寡
力盡竟敗而偕伯死之進軍合兵薄津口瀕江屯兵忽
有鳥迴翔於定方營上使人卜之曰必傷元帥定方懼

欲引兵而止庾信謂定方曰豈可以飛鳥之惟遑天時
也應天順人伐至不仁何不祥之有乃狀神釣擬其鳥
割裂而隕於座前於是定方出左涯垂山而陣與之戰
百濟軍大敗王師乘潮軸轤含尾鼓譟而進定方將步
騎直趨都城一舍止城中悉軍拒之又敗死者萬餘唐
人乘勝薄城王知不免嘆曰悔不用成忠之言以至於
此遂與大子隆或作孝走北鄙定方圍其城王次子泰
自立為王率衆固守大子之子文思謂王泰曰王與大
子出而叔擅為王若唐兵解去我等安得全率左右縋
而出民皆從之泰不能止定方令士起堞立唐旗幟泰

窘迫乃開門請命於是王及大子隆王子泰大臣貞福

與諸城皆降定方以王義慈及大子隆王子泰王子演

及大臣將士八十八人百姓一万二千八百七人送京

師其國本有五部三十七郡二百城七十六万戶至是

折置熊津馬韓東明金漣德安等五都督府擢渠長為

都督刺史以理之命郎將劉仁願守都城又左衛郎將

王文度為熊津都督撫其餘衆定方以所俘見上責湯

宥之王病死贈金紫光禄大夫衛尉御許舊臣赴臨詔

葬孫皓陳叔寶墓側并為豎碑七年壬戌命定方為遼

東道行軍大摠管俄改平壤道破高麗之衆於浿江奪

馬邑山寇營遂圍平壤城會大雪解圍還拜涼州安集
大使以定吐蕃乾封二年卒唐帝悼之贈左驍騎大將
軍幽州都督諡曰莊妃江唐新羅別記云文虎王即位
五年乙丑秋八月庚子王親統大兵幸熊津城會假王
扶餘隆作壇刑白馬而盟先祀天神及山川之靈然後
歃血為文而盟曰往者百濟先王迷於逆順不敢隣好
不睦親姻結托句麗交通倭國共為殘暴侵削新羅破
邑屠城略無寧歲天子憫一物之失所憐百姓之被毒
頻命行人諭其和好曁險恃遠侮慢天經皇赫斯怒恭
行弔伐旌旗所指一戎大定固可瀦宫污宅作誡來裔

塞源拔本垂訓後昆懷柔代叛先王之令典興王繼絕

往栝之通規事必師古傳諸裏用故立前百濟王司

正卿扶餘隆為熊津都督守其祭祀保其桑梓依倚新

羅長為與國各除宿憾結好和親恭承詔命永為藩服

仍遣使人右威衛將軍魯城縣公劉仁願親臨勸諭具

宣成旨約之以婚姻申之以盟誓刑牲歃血共敦終始分

災恤患恩若兄弟祗奉綸言不敢墜失既盟之後共保

歲寒若有乖背二三其德興兵動眾侵犯邊陲神明鑒

之百殃是降子孫不育社稷無宗禋祀磨滅罔有遺餘

故作金書鐵契藏之宗庙子孫万代無或敢犯神之聽

之是享是福禩訖埋瘞鼎於壇之壬地藏盟誓文於大庙

盟文乃帶方都督劉仁軌作　按上唐史之文定方以義王及太子隆等送京師

今太會狹餘王隆則知唐帝宥隆而遣之立為熊津都督也故盟文明言以此為験之又古記之總

章元年戊辰誤矣若總章戊辰則李勣之事而下文蘇定方則年号當龍朔二年壬戌來

逈平壤之時也國人之所請唐兵屯于平壤郊而通書曰急輸

軍資王會群臣問曰入於敵國至唐兵屯所其勢危矣

乃請王師粮匱而不輸其料亦不冝也如何庚信奏曰

臣等能輸其軍資請大王無慮於是庚信仁問等率數

万人入句麗境輸粮二万斛乃還王大喜又欲興師會

唐兵庚信先遣然起兵川等二人問其會期唐帥蘇定

方紙畫鸞犢二物遺之國人未解其意使問於元曉法
師解之曰速還其兵謂畫犢畫鸞二切也於是庾信遺
軍欲渡俱江今日後渡者斬之軍士爭先半渡句麗兵
來掠殺其未渡者翌日信返追句麗兵捕殺數万級⬚
濟古記云扶餘城北角有大岩下臨江水相傳云義慈
王與諸後宮知其未免相謂曰寧自盡不死於他人手
相率至此投江而死故俗云隨死岩斯乃俚諺之訛也
但宮人之隨死義慈卒於唐唐史有明文　又新羅古
傳之定方旣討麗濟二國又謀伐新羅而留連於是庾
信知其謀饗唐兵鴆之皆死坑之今尚州界有唐橋是

其坑地按唐史不言其奸以死但書云卒何耶爲復譚

殺定方之師則後總章戊辰滅麗之役羅人

此知鄉傳無擾但戊辰滅麗之後有不臣之事壇有其

地而巳非至殺王師定百濟既還之後羅王命諸將追

蘇李二公也

捕百濟殘賊南次于漢山城高麗靺鞨二國兵來圍之

相擊未解自五月十一日至六月二十二日我兵危其

王聞之議群臣曰計將何出猶豫未決庚信馳奏曰事

急矣人力不可及唯神術可救乃於星浮山設壇修神

術忽有光耀如大瓮從壇上而出乃星飛而北去因此

名星浮山山名或有別說云山在都林之南秀出一峯是也其

京城有一人謀求官命其子作炬夜登此山舉之其

夜京師人皆謂怪星現於其地王聞之憂懼募人

禳之其父將應之同官奏曰此非大怪也但一家子死

父位之兆耳遂不行禳法

是夜其子下山虎傷而死

漢山城中士卒忽歛兵不至

相視哭泣而已賊欲改急忽有光耀從南天際來成霹靂

擊碎砲石三十餘所賊軍弓箭矛戟籌碎皆仆地良久

乃蘇奔潰而歸我軍乃還太宗初即位有獻猪一頭二

身八足者議者曰是必并吞六合瑞也是王代始服中

國衣冠牙笏乃法師慈藏請唐帝而來傳也神文王時

唐高宗遣使新羅曰朕之聖考得賢臣魏徵李淳風等

協心同德一統天下故為太宗皇帝汝新羅海外小國

有太宗之号以僭天子之名義在不忠速改其号新羅

王上表曰新羅雖小國得聖臣金庾信一統三國故封

為太宗帝見表乃思儲貳時有天唱空之三十三天之

一人降於新羅為庾信紀在於書出挨視之驚懼不已

更遣使許無改大宗之号

　　長春郎　罷郎〔罷一作〕

初與百濟兵戰於黃山之役長春郎罷郎死於陣中後

討百濟時見夢於太宗曰臣等昔者為國之身至於白

骨庶欲完護邦國隨從軍行無怠而已然迫於唐帥

定方之威遂於人後爾願王加我以小勢大王驚怕之

為二魂說經一日於牟山亭又為創壮義寺於漢山州

以資宜援

三國遺事卷第一

文虎王法敏

王初即位龍朔辛酉泗沘南海中有死女尸身長七十
三尺足長六尺陰長三尺或云身長十八尺在封乾二
年丁卯

緫章戊辰王統兵與仁問欽純等至平壤會唐兵滅麗
唐師先勒獲高臧王還國高記現慶五年庚申蘇定方
等征百濟後十二
月大將軍契如何為浿道行軍大緫管蘇定方為遼東
道大緫管劉伯英為平壤道大緫管以伐高麗又明年
辛酉正月蕭嗣業為扶徐道緫管任雅相為浿江道緫

管率三十五万軍以伐高麗八月甲戌蘇定方等及高

麗戰于淇汪敗之軋封元年丙寅六月以麗同善及高

臨辟仁貴序謹行等為後援九月麗同善及高麗戰敗

之 十二月巳酉以序勣為遼東道行臺大捻管率六

捻管兵以代高麗總章元年戊辰九月癸巳序勣獲高

藏王十二月丁巳獻俘于帝上元年甲戌二月劉仁

軹為雞林道捻管以伐新羅而卿古記云唐遣陸路將

軍孔恭水路將軍有相與新羅金庾信等滅之而此云

仁問欽純等無庚信未詳時唐之游兵諸將兵有留鎮

而將謀襲我者王覺之發兵之明年高宗使召仁問等

讓之曰爾請我兵以滅麗害之何耶乃下圓扉鍊兵五
十万以薛邦為帥欲伐新羅時義相師西學入唐來見
仁問仁問以事諭之相乃東還上聞王甚悼之會群臣
問防禦策角干金天尊奏曰近有明朗法師入龍宮傳
秘法而來請詔問之朗奏曰狼山之南有神遊林創四
天王寺於其地開設道塲則可矣時有貞州使走報曰
唐兵無數至我境迴斬海上王召明朗曰事已逼至如
何朗曰以彩帛假攝宜矣乃以彩帛營寺草搆五方神
像以瑜珈明僧十二負明朗為上首作文豆婁秘密之
法時唐羅兵未交接風濤怒起唐舡皆沒於水後改刱

寺名四天王寺至今不墜壇席國史云改刱在後年辛

未唐更遣趙憲爲帥亦以五万兵來征又作其法舡没

如前是時翰林郎朴文俊隨仁問在獄中高宗召文俊

曰汝國有何密法再發大兵無生還者文俊奏曰陪臣

等來於上國二十餘年不知本國之事但遙聞一事爾

厚荷上國之恩一統三國欲報之德新刱天王寺於狼

山之南祝皇壽万年長開法席而已高宗聞之大恱乃

遣禮部侍郎樂鵬龜使於羅審其寺王先聞唐使將至

不宜見兹寺乃別刱新寺於其南待之使至曰必先行

香火皇帝祝壽之所天王寺乃引見新寺其使立於門

前日不是四天王寺乃望德遙山之寺終不入國人以

金一千兩贈之其使乃還奏曰新羅拵天王寺祝皇壽

於新寺而已因唐使之言因名望德寺武系孝昭王代誤矣王聞

文俊善奏帝有寬赦之意乃命強首先生作請放仁問

表以舍人遠禹奏於唐帝見表流涕赦仁問慰送之仁

問在獄時國人爲拵寺名仁容寺開設觀音道場及仁

問來還死於海上改爲彌陁道場至今猶存大王御國

二十一年以永隆二年辛巳崩遺詔葬於東海中大巖

上王平時常謂智義法師曰朕身後願爲護國大龍崇

奉佛法守護邦家法師曰龍爲畜報何王曰我猒世間

榮華久矣若麗麤報爲畜則雅合朕懷矣王初即位置南

山長倉長五十步廣十五步貯米穀兵器是爲右倉天恩

寺西北山上是爲左倉別本云建福八年辛亥築南山

城周二千八百五十步則乃真德王代始築而至此乃

重修爾又始築富山城三年乃畢安北河邊築鐵城又

欲築京師城郭旣令真吏時義相法師聞之致書報云

王之政教明則雖草丘盡地而爲城民不敢踰可以澼

災進福政教苟不明則雖有長城災害未消王於是正

罷其役麟德三年丙寅三月十日有人家婢名吉伊一

乳生三子總章三年庚午正月七漢歧部一山級干一

作成山何于婢一乳生四子一女三子國給穀二百石

以賞之　又代高麗以其國王孫还國罷之真骨位

王一日召廐卒車得公曰汝為冢宰均理百官平章四

海公曰陛下若以小臣為宰則臣願潛行國内示民間

徭役之勞逸租賦之輕重官吏之清濁然後就戢王聽

之公著緇衣把琵琶為居士形出京師經由阿瑟羅州

今溟州牛首州今春北原京州今忠州至於武珍州今海行

里開州吏安吉見是異人邀致其家盡情供億至夜安

吉喚妻妾三人曰今兹侍宿客居士者終身偕老二妻

曰寧不並居何以娘人同宿其一妻曰公若許終身並

居則承命矣從之詰旦居士欲辭行時曰僕京師人也

吾家在皇龍皇聖二寺之間吾名端午也俗爲車衣主

人若到京師尋訪吾家幸矣遂行到京師居家宰國之

制每以外州之吏一人上守京中諸曹注今之其人也

安吉當次上守至京師間兩寺之間端午居士之家人

莫知者安吉久立道左有一老翁經過聞其言良久伫

思曰二寺間一家殆大內也端午者乃車得令公也潛

行外郡時殆汝有緣翠羽安吉陳其寶夫人曰汝去宮

城之西敏正門待宮女出入者告之安吉從之嘗武珎

州安吉進於門矣公聞而走出推子入宮晞出於之姬

興安吉共宴具饌至五十味聞枝上以星浮山撐予作崫

下為武珎州上守繞本田禁人雃採人不敢近内外欽

羨之山下有田三十畆下種三石此田稔歲武珎州亦

稔否則亦否去

万波息笛

第三十一神文大王諱政明金氏開耀元年辛巳七月

七日即位為聖考文武大王創感恩寺於東海邊寺中記云

文武王欲鎮倭兵故始創此寺未畢而崩為海龍其子

神文立開耀二年畢排金堂砌下東向開一穴乃龍之

入寺旋繞之備盖遺詔之藏骨處名大王

岩寺名感恩寺後見龍現形處名利見臺明年壬午五

月朔元年誤矣本玄天授海官波珍喰朴風清賫日東海中有

小山浮來向感恩寺隨波往來王異之命日官金春質

一作春日台之曰聖考今爲海龍鎮護三韓抑又金公庾信

乃三十三天之一子今降爲大臣二聖同德欲出守城

之寶若陛下行幸海边必得無價大寶王喜以其月七

日駕幸利見臺望其山遣使審之山勢如龜頭上有一

竿竹畫爲二夜合一〔云山亦畫〕畫開合如竹使來養之王御感恩

寺宿明日午時竹合爲一天地振動風雨晦暗七日至

其月十六日風霽波平王泛海入其山有龍奉黑玉帶

來獻迎接共坐問曰此山與竹或判或合如何龍曰比

如一手拍之無聲二手拍則有聲此竹之爲物合之然

後有聲聖王以聲理天下之瑞也王取此竹作笛吹之

天下和平今王考為海中大龍慶信復為天神二聖同

心出此無價大寶令我獻之王驚喜以五色錦彩金玉

酬賽之勅使斫竹出海時山與龍忽隱不現王宿感恩

寺十七日到祗林寺西溪邊留駕畫饍太子理恭即孝昭大

王守闕聞此事走馬來賀徐察奏曰此玉帶諸窠皆真

龍也王曰汝何知之太子曰摘一窠沉水示之乃摘左

邊第二窠沉溪即成龍上天其地成淵因號龍淵駕還

以其竹作笛藏於月城天尊庫吹此笛則兵退病愈旱

雨雨晴風定波平號万波息笛稱為國寶至孝昭大王

一二六

代天授四年癸巳因失禮郎生還之異更封號曰万万

波波息笛詳見彼傳

孝昭王代　竹旨郎亦作竹曼　亦名智官

第三十二孝昭王代竹曼郎之徒有得烏谷一云級干隸

名於風流黃卷追日仕進隔旬日不見郎嘆其母問爾

子何在母曰幢典年梁益宣阿干以我子差富山城倉

直馳去行急未暇告辭於郎郎曰汝子若私事適被則

不湏尋訪今以公事進去湏歸享矣乃以舌餅一合酒

一缸卒左人郷云皆吐奴僕也知而行郎徒百三十七人亦具

儀侍從到富山城問閽人得烏失奚在人曰令在益宣

田隨例赴役郎歸田以所將酒餅饗之請暇於益宣將

欲偕還益宣固禁不許時有使倨珎管收推火郡能

節租三十石翰送城中美郎之重士風味鄙宣暗塞不

通乃以所領三十石贈益宣助請猶不許又以珎節舍

知騎馬鞍具貽之乃許朝逆花主聞之遣使取益宣將

洗浴其垢醜宣逃隱掠其長子而去時仲冬極寒之日

浴洗於城內池中仍合壞死大王聞之勑牟梁里人從

官者並合黜遣更不接公署不著黑衣若爲僧者不合

入鍾鼓寺中勑史上偘珎子孫爲枰定戶孫標異之時

圁測法師是海東高德以牟梁里人故不授僧職初述

宗公為朔州都督使將歸理所時三韓兵乱以騎兵三
千護送之行至竹旨嶺有一居士平理其嶺路公見之
歎美居士亦善公之威勢赫甚相感於心公赴州理隔
一朔夢見居士入于房中室家同夢驚怪尤甚翌日使
人問其居士安否人曰居士死有日矣使來還告其死
與夢同日矣公曰殆居士誕於吾家爾更發卒修葬扰
嶺上北峯造石彌勒一躯安於塚前妻氏自夢之日有
娠既誕因名竹旨肚而出仕與庾信公為副帥統三韓
真德大宗文武神文四代為冢宰安定厥邦初得烏谷

慕郎而作歌曰

去隱春皆理米　毛冬居叱沙哭屋尸以憂音　阿冬

音乃叱好支賜烏隱　兒史年數就音墮支行齊　目

煙廻於尸七史伊衣　逢烏支惡知作乎下是　郎也

慕理尸心未　行乎尸道尸　蓬次叱巷中宿尸夜音

有叱下是

聖德王

第三十二聖德王神龍二年丙午歲　不登人民飢

甚丁未正月初一日至七月三十日救民給租一口一

日三升爲式終事而計三十萬五百碩也　王爲太宗

大王荊奉德寺設仁王道場七日大赦始有侍中職本

水路夫人

聖德王代純貞公赴江陵太守〔今溟州〕行次海汀畫饍傍
有石嶂如屏臨海高千丈上有躑躅花盛開公之夫人
水路見之謂左右曰折花獻者其誰從者曰非人跡所
到皆辭不能傍有老翁牽牸牛而過者聞夫人言折其
花亦作歌詞獻之其翁不知何許人也便行二日程又
有臨海亭畫饍次海龍忽攬夫人入海公顛倒躃地計
無所出又有一老人告曰故人有言衆口鑠金今海中
傍生何不畏衆口乎宜進界內民作歌唱之以杖打岸

可見夫人矣公從之龍奉夫人出海獻之公問夫人

海中事四七寶宮殿所鑲甘滑香潔非人間煙火此夫

人衣襲異香非世所聞水路姿容絕代每經過深山大

澤屢被神物掠攬眾人唱海歌詞曰　龜乎龜乎出水

路掠人婦女罪何極汝若悖逆不出獻　入網捕掠燔

之喫老人獻花歌曰紫布岩乎过希執音乎手母牛放

教遣　吾肸不喻慚肸伊賜等　花肸折叱可獻乎理

音如

孝成王

開元十年壬戌十月始築關門於毛大郡今毛火村屬

一三三

慶州東南境乃防日本塞垣也周迴六千七百九十二
步五尺役徒三万九千二百六十二人掌員元真角干
開元二十一年癸酉唐人欲征北狄請兵新羅客使六
百四人來還國

景德王　　忠談師　　表訓大德

德經等大王備禮受之王御國二十四年五岳三山神
等時或現侍於殿庭三月三日王御歸正門樓上謂左
右曰誰能途中得一員榮服僧來於是適有一大德威
儀鮮潔徜徉而行左右望而引見之王曰非吾所謂榮
僧也退之更有一僧被衲衣負櫻筒（一作荷簣）從南而來王

喜見之邀致樓上視其筒中盛茶其已曰汝為誰耶僧

曰忠談曰何所歸來僧曰僧每重三重九之日烹茶饗

南山三花嶺彌勒世尊今茲旣獻而還矣王曰寡人亦

一甌茶有分乎僧乃煎茶獻之茶之氣味異常甌中異

香郁烈王曰朕嘗聞師讚耆婆郎詞腦歌其意甚高是

其果乎對曰然則為朕作理安民歌僧應時奉

勅歌呈之王佳之封王師焉僧再拜固辭不受安民歌

曰　君隱父也　臣隱愛賜尸母史也　民焉狂尸恨

阿孩古為賜尸知民是愛尸知古如　窟理叱大肹生

以支所音物生此肹喰惡支治良羅　此地肹捨遣只

於冬是去於丁　爲尸知國惡支持以　支知右如後

音叱如
句　君如臣多支民隱如　爲內尸等焉國惡大平恨

音叱如

　　　讚耆婆郎歌曰

咽鳴爾處米　露曉邪隱月羅理　白雲音逐于浮去

隱安支下　沙是八陵隱汀理也中　耆郎矣皃史是

史藪邪　逸烏川理叱磧惡希　郎也持以支如賜烏

隱　心未際叱肹逐內良齊　阿耶　栢史叱枝次高

支好　雪是毛冬乃乎尸花判也

王王藍長八　無子廢之封沙潔夫人後妃滿月夫人

謚景垂大后依忠角干之女也王一日詔表訓大德曰

朕無祐不獲其嗣願大德請於上帝而有之訓上告於

天帝還求奏去帝有言求女即可男即不宜王曰願轉

女成男訓再上天請之帝曰可則可矣然為男則國殆

矣訓欲下時帝又召曰天與人不可乱今師往來如隣

里漏洩天機今後宜更不通訓求以天語諭之王曰國

雖殆得男而為嗣足矣於是滿月王后生太子王喜甚

至八歲王崩太子即位是為惠恭大王幼冲故大后臨

朝政條不理盜賊蜂起不遑備禦訓師之說驗矣小帝

既女為男故自期睟至於登位常為婦女之戲好佩錦

震與道流為戲故國有大乱修為宣德與金良相所弑

自表訓後聖人不生於新羅云

惠恭王

大曆之初康州官署大堂之東地漸陷成池一本大寺

從十三尺横七尺忽有鯉魚五六相継而漸大洲亦隨

大至二年丁未又天狗隆於東樓南頭如瓮尾三尺許

色如裂火天地亦振又是年今浦縣稻田五頃中皆未

顆成穗是年七月北宮庭中先有二星隆地又一星隆

三星皆没入地先時宮北厠圊中二莖蓮生又奉聖寺

田中生蓮虎入禁城中追覓失之角干大恭家梨木上

崔集無數據安國兵法下卷云天下兵大乱於是大赦
修省七月三日大恭角干賊起王都及五道州郡并九
十六角干相戰大乱大恭角干家三輸其家資寶帛于
王宮新城長倉火燒逆黨之寶穀在沙梁年梁等里中
者亦輸入王宮乱弥三朔乃息被賞者頗多誅死者無
筭也表訓之言國殆是也

元聖大王

伊飡金周元初為上宰王為角干居二宰夢脫幞頭著
素笠把十二絃琴入於天官寺井中覺而使人占之曰
脫幞頭者失職之兆把琴者著枷之兆入井入獄之兆

王聞之甚患杜門不出于時阿飡餘三或本餘山來通
謁王辭以疾不出再通曰願得一見王諾之阿飡曰公
所忌何事主具說台夢之由阿飡與拜曰此乃吉祥之
夢公若登大位而不遺我則為公解之王乃辟禁左右
而請解之曰脫幞頭者人無居上也着素笠者見縲之
兆也把十二絃琴者十二孫傳世之兆也八天官井入
宮禁之瑞也王曰上有周元何居位阿飡曰請密祀
北川神可矣從之未幾宣德王崩國人欲奉周元為王
將迎入宮家在川北忽川漲不得渡王先入宮即位上
宰之徒眾皆來附之拜賀新登之主是為元聖大王諱

敬信金武盖厚夢之應也周元退居濱州王既登極時
餘山巳辛矣召其子孫賜爵王之孫有五人惠忠大子
憲平大子禮英匝于大龍夫人小龍夫人等也大王誠
知窮達之變故有身空詞腦歌末詳王之考大角干孝
讓傳祖宗万波息笛乃傳於王王得之故厚荷天恩其
德遠輝貞元二年丙寅十一月日本王文慶（按日本帝
紀第五十五主文德王疑是也
餘無文慶或本云是王大子）舉兵欲伐新羅聞新羅
有万波息笛退兵以金五十兩遣使請其笛王謂使曰
朕聞上世真平王代有之耳今不知所在明年七月七
日更遣使以金一千兩請之曰寡人願得見神物而還

之矣王亦辭以前對以銀三千兩賜其使還金而不受

八月使還藏其笛於內黃殿王即位十一年乙亥唐使

來京留一朔而还後一日有二女進內庭奏曰妾等乃

東池青池青池往來聽法之地寺乃真平王所造五百聖衆即東泉寺之泉也寺記云泉乃東海龍

二龍之妻也唐使將河西國二人而來呪我五層塔所納田民焉

夫二龍及芬皇寺井等三龍變為小魚筒貯而敀願陛

下勅二人留我夫等護國龍也王追至河陽舘親賜宴

宴勅河西人曰爾輩何得取我三龍至此若不以實告

必加極刑於是出三魚獻之使放於三處各湧水丈餘

喜躍而逝唐人服王之明聖王一口請皇龍寺法式本

玄華嚴寺又金剛寺者蓋以寺名經名光混之也釋智

海入内稱華嚴經五旬沙弥妙正每洗鉢於金光井太

賢法師邊有一龜浮沉井中沙弥每以殘食饋而為戲

席將罷沙弥謂龜曰吾德汝曰父何以報之隔數日龜

吐一小珠如欲贈遺沙弥得其珠繫於帶端自後大王

見沙弥愛重邀致内殿不離左右時有一匝干奉使於

唐亦愛沙弥請與俱行王許之同入於唐唐帝亦見沙

弥而罷愛承相左右莫不尊信有一相士奏曰審此沙

弥無一吉相得人信敬必有所持異物使人撿看得帶

端小珠帝曰朕有如意珠四枚前年失一个今見此珠

乃吾所失也帝問沙彌沙彌具陳其事帝內失珠之日
與沙彌得珠同日帝留其珠而遣之後人無愛信此沙
彌者王之陵在吐含岳西洞鵲寺今崇福寺有崔致遠撰碑
又剏報恩寺又望德樓　追封祖訓入匝于為興平大
王曾祖義官匝于為神英大王高祖法宣大阿干為玄
聖大王玄聖大王玄聖之考即摩叱次匝干

早雪

第四十哀莊王末年戊子八月十五日有雪
第四十一憲德王元和十三年戊戌三月十四日大雪一
作丙寅誤矣元
盡十五無丙寅

第四十六　文聖王　巳未　五月十九日大壺　八月一日天

地晦暗

興德王　　鸚鵡

第四十二興德大王寶曆二年丙午即位未幾有人奉

使於唐將鸚鵡一雙而至不久雌死而孤雄哀鳴不已

王使人掛鏡於前鳥見鏡中影擬其得偶乃喧其鏡而

知其影乃哀鳴而死王作歌云未詳

神武大王　　閻長　弓巴

第四十五神武大王潛邸時謂俠士弓巴曰我有不同

天之讐汝能為我除之獲居大位則娶爾女為妃弓巴

許之協心同力舉兵犯京師能成其事既簒位欲以巴

之女為妃羣臣極諫曰巴側微上以其女為妃則不可

王從之時巴在清海鎮為軍戎惡王之違言欲謀乱時

將軍閻長聞之羨曰巴將為不忠小臣請除之王喜許

之閻長承吉歸清海鎮見謁者通曰僕有小怨於國君

欲投明公以全身命巴聞之大怒曰爾輩諫於王而廢

我女胡顧見我乎長復通曰是百官之所諫我不預謀

明公無嬚也巴聞之引入廳事謂曰卿以何事來此長

曰有忓於王欲投幕下以兌害爾巴曰幸矣置酒歡甚

長取巴之長劒斬之麾下軍士驚慴皆伏地長引至京

師復命曰已斬弓巴矣上喜賞之賜爵阿干

四十八　景文大王

王諱膺廉年十八為國仙至於弱冠憲安大王召郎宴
於殿中問曰郎為國仙優遊四方見何異事郎曰臣見
有美行者三王曰請聞其說郎曰有人為人上者而撝
謙坐於人下其一也有人豪富而衣儉易其二也有人
本貴勢而不用其威者三也王聞　其言而知其賢不
覺墮淚而謂曰朕有二女請以奉巾櫛郎避席而拜之
稽首而退告於父母父母驚喜會其子弟議曰王之上
公主兒甚寒寢第二公主甚美娶之幸矣郎之徒上首

範教師者聞之至於家問郎曰大王欲以公主妻公信
乎郎曰然曰奚娶郎曰二親命我宜第師曰郎若娶第
則予必死於郎之面前娶其兄則必有三美誠之我郎
曰聞命矣既而王擇辰而使於郎曰二女惟公所命使
歸以郎意美曰奉長公主爾既而過三朔王疾革召群
臣曰朕無男孫寵宓之事宜長女之夫膺鷹繼之翌日
王崩郎奉遺詔即位於是範教師詣於王曰吾所陳
三美者今皆著矣娶長故今登位一也昔之欽艷第主
今易可取二也娶兄故王與夫人喜甚三也王德其言
爵為大德賜金一百三十兩王崩謚曰景文王之寢殿

每日暮無數眾蛇俱集宮人驚怖將驅遣之王曰寡人

若無蛇不得安寢宜無禁每寢吐舌滿胷鋪之乃登位

王耳忽長如驢耳王后及宮人皆未知唯幞頭匠一人

知之然生平不向人說其人將死入道林寺竹林中無

人處向竹唱云吾君耳如驢耳其後風吹則竹聲云吾

君耳如驢耳王惡之乃伐竹而植山茱萸風吹則但聲

云吾君耳長〔道林寺舊在入都林邊〕〔舊在國仙邀元郎譽昕郎挂元叔〕

宗郎等遊覽金蘭暗有為君主理邦國之意乃作歌三

首使心弼舍知授針卷送大炬和尚處令作三歌初名

玄琴抱曲第二大道曲第三問聲曲入奏於王王大喜

處容郎　望海寺

第四十九憲康大王之代自京師至於海內比屋連墻
無一草屋笙歌不絕道路風雨調於四時於是大王遊
開雲浦（在鶴城西南今蔚州）王將還駕晝歇於汀过忽雲霧冥曀
迷失道路怪問左右日官奏云此東海龍所變也宜
行勝事以解之於是勅有司為龍刱佛寺近境施令已
出雲開霧散因名開雲浦東海龍喜乃率七子現於駕
前讚德獻舞奏樂其一子隨駕入京輔佐王政名曰
處容王以美女妻之（欲留其意）又賜級干職其妻甚美

疫神欽慕之變無人夜至其家竊與之宿處容自外至

其家見寢有二人乃唱歌作舞而退歌曰東京明期月

良夜入伊遊行如可入良沙寢矣見昆脚烏伊四是良

羅二肹隱吾下於叱古二肹隱誰支下焉古本矣吾下

是如馬於隱奪叱良乙何如為理古時神現形跪於前

曰吾羨公之妻今犯之矣公不見怒感而羨之誓今已

後見畫公之形容不入其門矣因此國人門帖處容之

形以僻邪進慶王既還乃卜靈鷲山東麓勝地置寺

曰望海寺亦名新房寺乃為龍而置也又幸鮑石亭南

山神現舞於御前左右不見王獨見之有人現舞於前

王自作舞以像示之神之名或曰祥審故至今國人傳

此舞曰御舞祥審或曰御舞山神或云既神出舞審像

其見命工摹刻以示後代故云象審或云霜髥舞此乃

以其形稱之又章於金剛嶺時北岳神呈舞名玉刀鈐

又同禮殿宴時地神出舞名地伯級于語法集云于時

山神獻舞唱歌云智理多都波都波等者盖言以智理

國者知而多逃都邑將破云謂也乃地神山神知國將

亡故作舞以警之國人不悟謂為現瑞耽樂滋甚故國

終三

真聖女大王　　居陁知

第五十一真聖女王臨朝有年乳母鳧好夫人與其夫

魏弘通于等三四寵臣擅權撓政盜賊蜂起國人患之

乃作陁羅尼隱語書投路上王與權臣等得之謂曰此

非王居仁誰作此文乃囚居仁於獄居仁作詩訴于天

天乃震其獄囚以免之詩曰燕丹泣血虹穿日鄒衍街含悲

夏落霜今我失途還似舊皇天何事不垂祥　陁羅尼

曰南無亡國　剎尼那帝　判尼判尼蘇判尼于于三

阿干　鳧伊娑婆訶　說者云剎尼那帝者言女主也

判尼判尼蘇判尼者言二蘇判也蘇判爵名于于三阿

于也鳧伊者言鳧好也　此王代阿飱良貞王之季子

也奉使於唐聞百濟海賊梗於津息選弓士五十人隨
之舡次鵠島卿云骨風濤大作信宿浹旬公患之使人
卜之曰島有神池祭之可矣於是具奠於池上池水湧
高丈餘夜夢有老人謂公曰善射一人留此島中可得
便風公覺而以事諮於左右曰留誰可矣眾人曰宜以
木簡五十片書我輩名沉水而闇之公從之軍士有居
陁知者名沉水中乃留其人便風忽起舡進無滯居陁
愁立島嶼忽有老人從池而出謂曰我是西海若每一
沙弥日出之時從天而降誦陁羅尼三繞此池我之夫
婦子孫皆浮水上沙弥取吾子孫肝腸食之盡矣唯存

吾夫婦與一女爾來朝又必來請君射之居陁曰弓矢
之事吾所長也聞命矣老人謝之而沒居陁隱伏而待
明日扶桑既暾沙弥果來誦呪如前欲取老龍肝時居
陁射之中沙弥即變老狐墜地而斃於是老人出而謝
曰受公之賜全我性命請以女子妻之居陁曰見賜不
遺圖所願也老人以其女變作一枝花納之懷中仍命
二龍捧居陁趂及使舡仍護其舡入於唐境唐人見新
羅舡有二龍負之具事上聞帝曰新羅之使必非常人
賜宴坐於羣臣之上厚以金帛遺之既還國居陁出花
枝變女同居焉

第五十二孝恭王光化十五年壬申化實朱梁乾化二年也奉聖寺

外門東西二十一間鵲巢又神德王即位四年乙亥本右

云天祐十二年靈廟寺內行廊鵲巢三十四烏巢四十

當作貞明元年

又三月再降霜六月斬浦水與海水波相鬪三日

景明王

第五十四景明王代貞明五年戊寅四天王寺壁畫狗

鳴說經三日禳之大半日又鳴七年庚辰二月皇龍寺

塔影倒立於令毛舍知家庭中一朔又十月四天王寺

五方神弓絃皆絕壁畫狗出走庭中還入壁中

第五十五景哀王即位同光二年甲辰二月十九日皇

龍寺說百座說經無飯禪僧三百大王親行香致供此

百座通說禪教之始

金傳大王

第五十六金傳大王諡敬順天成二年丁亥九月百濟

甄萱侵羅至高鬱府景哀王請救於我太祖命將以勁

兵一万往救之救兵未至萱以冬十一月掩入王京王

與妃嬪宗戚遊鮑石亭宴娛不覺兵至倉卒不知所爲

王與妃奔入後宮宗戚及公卿大夫士女四散奔走爲

賊所虜無貴賤匍匐乞爲奴婢萱縱兵摽掠公私財物

入處王宮乃命左右索王興妃妾數人匿在後宮拘

致軍中逼令王自進而強溪王妃縱共下亂其嬪妾乃

立王之族弟傳爲王王爲萱所舉即位前王尸殯於西

堂與羣下慟哭我太祖遣使弔祭明年戊子春三月大

祖率五十餘騎巡到京畿王與百官郊迎入相對曲盡

情禮置宴臨海殿酒酣王言曰吾以不天侵致禍亂萱

萱恣行不義喪我國家何如之因泣然涕泣左右莫不

嗚咽太祖亦流涕因留數旬乃迴駕麾下肅靜不犯秋

毫都人士女相慶曰昔甄氏之來也如逢豺虎今王公

之至如見父母八月太祖遣使遺王錦衣鞍馬并賜羣

僚將士有差清泰二年乙未十月以四方地盡為他有

國弱勢孤不已自安乃與羣下謀舉土降太祖羣臣可

否紛然不已王大子曰國之存亡必有天命當與忠臣

義士收合心力盡而後已豈可以一千年之社稷輕以

與人王曰孤危若此勢不能全既不能忍又不能弱至

使無辜之民肝腦塗地吾所不能忍也乃使侍郎金封

休齎書請降於太祖大子哭泣辭王徑往皆骨山麻衣

草食以終其身李子祝駿肆華嚴為浮圖名梵空後往

法水海印寺云太祖受書送太相王鐵迎之王率百僚

歸我太祖香車寶馬連亘三十餘里道路塡咽觀者如
堵太祖出郊迎勞賜宮東一區今正以長女樂浪公主
妻之以王謝自國居他國故以鸞喻之號神鸞公主
謚孝穆封爲正承位在太子之上給祿一千石侍從負
將皆錄用之政新羅爲慶州以爲公之食邑初王納土
來降太祖喜甚待之厚禮使告曰今王以國與寡人其
爲賜大矣願結婚於宗室以永甥舅之好王荅曰我伯
父億廉（王之考孝宗角干追封神興大王之弟也）有女子德容雙美非是無
以備內政太祖娶之是爲神成王后金氏（本朝登仕郎金寬毅所撰王代宗錄云神成王后本慶州大尉李正言爲使州守時太祖納爲妃故或云使州君願堂玄化

寺三月二十五日忌葬負陵生一子安宗也此外二

十五妃主中不載金氏之事未詳然而史臣之論亦以安

宗為新羅外孫當以史傳為是

太祖之孫景索俋聘政承公之女為妃

是為憲承皇后仍封政承為尚父大平興國三年戊寅

崩謚曰敬順開尚文諧曰敕姬周啓聖之初先封呂主

劉漢興王之始開首開簫何自大定寰區廣開基業立龍

圖三十代蹕麟趾四百年日月重明乾坤交泰雖自無

為之主乃開致理之臣觀光順化衛國功臣上柱國樂

浪王政承食邑八千戶金傳世雞林官分王爵英烈振

陵雲之氣文章騰擲地之才富有春秋貴居茅土六韜

三略拘入肯襟七縱五申撮飯指掌我太祖須載接陸

攦之好早認餘風尋時須駙馬之姻內酬大節家國既
歸於一統君臣宛合於三韓顯播令名光崇懿範可加
號尚父都省令仍賜推忠愼義崇德守節功臣號勳封
如故食邑通前為二萬戶有司擇日備禮冊命主者施
行開寶八年十月日大匠內議令無撚翰林臣顒宣奉
行奉勅如右牒到奉行開寶八年十月日侍中署
署內奉令署軍部令署軍部無署兵部令無署兵部
令署廣坪侍郎署廣坪侍郎無署內奉侍郎無署內奉
侍郎署軍部卿無署軍部卿署兵部卿無署兵部卿無署
告推忠愼義崇德守節功臣尚父都省令上柱國樂浪

都王食邑一万戶金傳奉勅如右符到奉行主事無名

郎中無名書令史無名孔目無名開寶八年十月日下

史論曰新羅朴氏昔氏皆自外生金氏從天入金樻而降

或云乘金車此尤詭怪不可信然世俗相傳為實事本

但厚嚴初狃上者其為已也儉其為人也寬其設官也

略其行事也簡政至誠事中國梯航朝聘之使相續不

絕常遣子弟造朝宿衛入學而誦習于以襲聖賢之風

化革鴻荒之俗為禮義之邦又憑王師之威靈平百濟

高句麗取其地郡縣可謂盛矣然而奉浮屠之法不知

其弊至使閭里比其塔廟齊民逃於緇褐兵農侵小瑞

國家日衰幾何其不亂且亡也哉於是時景哀王加之以
荒樂與宮人左右出遊鮑石亭置酒燕衎不知甄萱之
至與門外韓檎虎樓頭張麗華無以異矣若敬順之歸
命太祖雖非獲已亦可佳矣向若力戰守死以抗王師
至於力屈勢窮即必覆其家族害及于無辜之民而乃
不待告命封府庫籍群難以歸之其有功於朝廷有德
於生民甚大昔錢民以吳越入宋蘇子瞻謂之忠臣今
新羅功德過於彼遠矣我太祖妃嬪眾多其子孫亦繁
衍而顯宗自新羅外孫即寶位此後繼統者皆其子孫
豈非陰德也歟新羅既納土國除阿干神會罷外署還

見都城離潰有黍離離嘆乃作歌歌三未詳

南扶餘　前百濟　北扶餘已見上

扶餘郡者前百濟王都也或稱所夫里郡按三國史記

百濟聖王二十六年戊午春移都於泗沘國號南扶餘

注曰其地名所夫里泗沘今之古省津也所夫里者扶

餘之別號也已上注又按量田帳籍曰所夫里郡田丁

柱貼今言扶餘郡者復上古之名也百濟王姓扶氏故

稱之或稱餘州者郡西資福寺高座之上有繡帳焉其

繡文曰統和十五年丁酉五月日餘州功德大寺繡帳

又昔者河南置林州刺史其時圖籍之內有餘州二字

林州今佳林郡也餘州今之扶餘郡也百濟地理志曰

後漢書曰三韓九七十八國百濟是其一國焉北史云

百濟東極新羅西南限大海北際漢江其郡曰居拔城

又云固麻城其外更有五方城　舊唐書云百濟扶夫之列程

羅北距高麗西限大海　　通典云百濟南接新

東北新羅西渡海越州南渡海至倭北高麗其王所居

有東西兩城　新唐書云百濟西界越州南倭皆踰海

北高麗　史本記云百濟始祖溫祚其父雛牟王或云

朱蒙自北扶餘逃難至卒本扶餘州之王無子只有三

女見朱蒙知非常人以第二女妻之未幾扶餘州王薨

朱蒙嗣位生二子長曰沸流次曰溫祚恐後大子所不
容遂與烏干馬黎等臣南行百姓從之者多遂至漢山
登負兒岳望可居之地沸流欲居於海濱十臣諫曰惟
此河南之地北帶漢水東據高岳南望沃澤西阻大海
其天險地利難得之勢作都於斯不亦宜乎沸流不聽
分其民歸彌鄒忽居之溫祚都河南慰禮城以十臣為
輔翼國號十濟是漢成帝鴻佳三年也沸流以彌鄒忽
土溼水醎不得安居見慰禮都邑鼎定人民安泰遂
慙悔而死其臣民皆飯於慰礼城後以來時百姓樂悦
政號百濟其世系與高句麗同出扶餘故以解為民後

至聖王移都於泗沘今扶餘郡彌雛忽仁州慰礼今稷山按古典記

去東明王第三子温祚以前漢鴻佳三年癸酉自卒本

扶餘至慰礼城立都稱王十四年丙辰移都漢山州今廣

歷三百八十九年 至十三世近肖古王咸安元年取

高句麗南平壤移都北漢城州今楊州歷一百五年 至二

十二世文周王即位九徵三年乙卯移都熊川州今公歷

六十三年至二十六世聖王移都所夫里國號南扶餘

至三十一世義慈王歷一百二十年 至唐顯慶五年

是義慈王在位二十年新羅金庾信與蘇定方討平之

百濟國舊有五部分統三十七郡二百濟城七十六万

户唐以地分置熊津馬韓東明金漣德安等五都督府

仍其酋長為都督府刺史來幾新羅盡幷其地置熊全

武三州及諸郡縣　又虎嵒寺有政事嵒國家將議宰

相則書當選者名弍三四函封置嵒上湏史取者名上

有印跡者為相故名之　又泗沘河过有一嵒蘇定方

嘗坐此上釣魚龍而出故嵒上有龍跪之跡因名龍嵒

又郡中有三山曰　山與山浮山國家全盛之時各有

神人居其上飛相往來朝夕不絕　又泗沘岸又有一

石可坐十餘人百濟王欲幸王興寺禮佛先於此石望

拜佛其石自煖因名煖石　又泗沘河兩岸如畫屛百

濟王每遊宴歌舞故至今稱為大王浦　又始祖溫祚

乃東明第三子体洪大性孝友善騎射　又多娶玉寬

厚有威望　又沙沸王伊一作沙 仇首崩嗣位而幼少不

能政即廢而立 古爾王或云至樂初二年巳未乃崩古

爾方立

武王 古本作武康非
也百濟無武康

第三十武王名璋母寡居築室扵京師南池邊池龍交

通而生小名薯童器量難測常掘薯蕷賣為活業國人

因以為名聞新羅真平王第三公主善花一作善化美艷無

雙剃髮來京師以薯蕷飼閭里羣童羣童親附之乃

作謠誘羣童而唱之云善化公主主隱
他密只嫁良
薯童房乙夜矣夘乙抱遣去如　童謠滿京達
於宮禁百官極諫竄流公主於遠方將行王后以純金
一斗贈行公主將至竄所薯童出拜途中將欲侍衛而
行公主雖不識其從來偶爾信悅因此隨行潛通焉然
後知薯童名乃信童謠之驗同至百濟出母后所贈金
將謀計活薯童大笑曰此何物也主曰此是黃金可致
百年之富薯童曰吾自小掘薯之地委積如泥土主聞
大驚曰此是天下至寶君今知金之所在則此寶輸送
父母宮殿何如薯童曰可於是聚金積如丘陵詣龍華山

師子寺知命法師所問輸金之計師曰吾以神力可輸

將金來矣主作書幷金置於師子前師以神力一夜輸

置新羅宮中真平王異其神變尊敬尤甚常馳書問安

否薯童由此得人心即王位一日王與夫人欲幸師子

寺至龍華山下大池邊彌勒三尊出現池中留駕致敬

夫人謂王曰須創大伽藍於此地固所願也王許之詣

知命所問塡池事以神力一夜頹山塡池為平地乃法

像彌勒三會殿塔廊廡各三所創之額曰彌勒寺國史云王

興寺真平王遣百工助之至今存其寺三國史云是法王之子而此傳之獨

女之子未詳

三國史本傳云甄萱尙州加恩縣人也咸通八年丁亥

生本姓李後以甄為氏父阿慈个以農自活光啓中據

沙弗城州今尙　自稱將軍有四子皆知名於世萱號傑

多智略摩碑家記云真興大王妃思刀諡曰白䰄夫人

第三子仇輪公之子波珎干善品之子酌珎妻王

咬巴里生角干元善是為阿慈个也慈之弟妻上院夫

人第二妻南院夫人生五子一女其長子是尙父萱二

子將軍能哀三子將軍龍盖四子寶盖五子將軍小盖

一女大主刀金又古記云普一富人居光州北村有一

女子姿容端正謂父曰每有一紫衣男到寢交婚父謂

曰汝以長絲貫針刺其衣從之至明尋絲於此墻下針

刺於大蚯蚓之腰後因姙生一男年十五自稱甄萱至

景福元年壬子稱王立都於完山郡理四十三年以清

泰元年甲午萱之三子簒逆萱投大祖子金剛即位天

福元年丙申與高麗兵會戰於一善郡百濟敗績國亡

云初萱生孺褓時父耕于野母餉之以兒置于林下虎

來乳之鄉黨聞者異焉及壯體貌雄奇志氣倜儻不凡

從軍入王京赴西南海防戍枕戈待敵其氣恒為士卒

先以勞為裨將唐昭宗景福元年是新羅真聖王在位

六年婁豎在側竊弄國權綱紀素弛加之以飢饉百姓
流移群盜蜂起於是萱竊有心嘯聚徒侶行擊京西
南州縣所至響應旬月之間衆至五千遂龍襲武珍州自
史無御史中承上柱國漢南國開國公龍化元年己酉
王猶不敢公然稱王自署為新羅西南都統行全州刺
也一云景福元年壬子是時北原賊良吉雄強弓裔自
投為麾下萱聞之遙授良吉職為裨將萱西巡至完山
州州民迎勞喜得人心謂左右曰百濟開國六百餘年
唐高宗以新羅之請遣將軍蘇定方以舡兵十三萬越
海新羅金庾信卷土歷黄山與唐兵合攻百濟滅之予

一六四

今敢不立都以雪宿憤乎遂自稱後百濟王設官分職

是唐光化三年新羅孝恭王四年也負明四年戊寅鐵

原京衆心忽變推戴我太祖即位萱聞之遣使稱賀遂

獻孔雀扇地理山竹箭等萱與我太祖陽和陰尅獻駣

馬於太祖三年冬十月萱率三千騎至曹物城今未太

祖亦以精兵來與之角萱兵銳未決勝負大祖欲權和

以老其師移書乞和以堂第王信為質萱亦以外甥眞

虎交質十二月攻取居西謀等二十餘城遣使入後

唐稱藩唐策授撿校大尉兼侍中判百濟軍事依前都

督行全州刺史海東四面都統指揮兵馬判置等事百

濟王食邑二千五百戶四年真虎累辛疑故殺即囚王

信使人請還前年所送駊馬太祖笑還之天成二年丁

亥九月萱攻取近品城今山陰縣燒之新羅王求救於太祖

太祖將出師萱襲取高鬱府今蔚州進軍族始林林一云雞林西郊

辛入新羅王都新羅王與夫人出遊鮑石亭時由是甚

敗萱強引夫人乱之以王之族弟金傅嗣位然後虜王

弟孝廉宰相英景又取國珍寶兵仗子女百工之巧者

自隨以歸太祖以精騎五千要萱於公山下大戰太祖

之將金樂崇謙死之諸軍敗北太祖僅以身免而不與

相抵使盈其胯萱乘勝轉掠大木城今若京山府康州

攻定谷城又義成府之守洪述拒戰而死太祖聞之曰
吾失右手矣四十二年庚寅萱欲攻古昌郡東安大舉
而石山營寨太祖陽百步而郡北瓶山營寨累戰萱敗
獲侍郎金渥翌日萱收卒襲破順城城主元逢不能禦
弃城宵遁太祖赫怒貶為下枝縣本順城人故也新羅
君臣以衰季難以復興謀引我太祖結好為援萱聞之
又欲入王都作惡恐太祖先之寄書于太祖曰昨者國
相金雄廉等將召足下入京有同鱉應黿聲是欲
披準翼必使生靈塗炭宗社丘墟僕是以先著祖鞭獨
揮韓戟誓百寮如皎日諭六部以義風不意姦臣遁逃

邦君薨變遂奉景明王表弟獻康王之外孫勸即尊位

再造危邦喪君有君於是乎在足下勿詳忠告徒聽流

言百計窺覦多方侵擾尚不能見僕馬首拔僕牛毛冬

初都頭索湘東手星山陣下月內无將金樂曝骸羨利

寺前殺獲居多追禽不小強羸若此勝敗可知所期者

掛弓於平壤之樓飲馬於溟江之水然以前月七日吳

越國使班尚書至傳王詔告知卿與高麗久通和好共

契隣盟比因貿子之兩三遂失和親之舊好玄侵疆境

不戢干戈今專發使臣赴卿本道又移文高麗宜各相

親比永亨子休僕義篤尊王情深事大及聞詔諭即欲

祇承但慮足下欲罷不能困而猶鬪今錄詔書寄呈請

留心詳悉且免鑪迭億終必貽譏蚌鷸相持亦為所笑

宜迷後之為誡無後悔之自貽　二年正月太祖荅

曰伏奉吳越國通使班尚書所傳詔旨書一道無蒙足

下辱示長書叙事者伏以華輯膚使髮到制書尺素好

音無蒙教誨捧芝檢而雖增感激關華歲而難遣嬾疑

今托迴軺輒敢尾徑僕仰承天假俯迫人推過叨將帥

之權獲赴經綸之會頃以三韓厄會九土凶荒黔黎多

屬於黃巾田野無非其赤土廛幾弭風塵之警有以救

邦國之災爰旨善隣於為結好果見數千里農桑樂業

七八年士卒閉眠及至癸酉年維時陽月忽焉生事至
乃交兵足下始輕敵以直前若螳螂之拒轍終知難而
勇退如蚊子之負山拱手陳辭指天作誓今日之後永
世歡和苟或渝盟神其殛矣僕尒尚止戈之正期不殺
之仁遂解重圍以休疲卒不餼質子但欲安民此即我
有大德於南人也豈期歃血未乾凶威後作蜂蠆之毒
侵害於生民狼虎之狂為梗於畿甸金城窘忽黄屋震
驚仗義尊周誰似桓文之霸乘間謀漢唯看恭阜之姦
致使王之至尊枉稱子於足下尊單失序上下同憂以
為非有元輔之忠純豈得再安社稷以僕心無匿惡志

切尊王將援置於朝廷使挾危於邦國足下見毫釐之

小利忘天地之厚恩斬戮君主焚燒宮闕趙醢卿佐虜之

劉士民姐姜則取以同車珍寶則蘗之相載元惡浮於

桀紂不仁甚於獍梟僕惡極崩天誠深却日約交雍鳥鶴

之逐以申犬馬之勤再舉干戈兩更梶柳陸鼇則雷馳

電激水攻則虎愽龍騰動必成功舉無虛發逐尹鄉於

海岸積甲如山禽雛造於城邊伏尸蔽野燕山郡畔斬

吉奚於軍前馬利山郡〔疑伊城〕戮隨晤於纛下拔任存興郡〔今大郡〕

之日刑積等數百人捐軀破清川縣〔尚州領內縣名〕之時直心

等四五輩授首桐藪〔今桐華寺〕望旗而潰散京山衒壁以投

一七一

降康州則自南而來羅府則自西移屬蠻侵玟若此收復

寧遠必期泗水營中塞張耳千艘之恨烏江岸上成漢

王一摧之心竟息風波永清寰海天之所助命欲何歸

況承吳越王殿下德洽色荒仁深字小特出綸於丹禁

諭戢難於青丘既奉訓謀敢不尊奉若足下祗承庸言

慈我函機不唯副上國之仁恩抑可紹東海之絕緒若

不過而能政其如悔不可追善乃崔致遠書作也

臣龍具壺勇而有智略來降太祖營捉龍具盡二子一女烙斷

股筋秋九月萱遣一吉以舡兵入高麗禮城江留三日

取益白真三州船一百艘焚之而去云々清泰元年甲午

萱聞太祖屯運州詳逡簡甲士蓐食而至未及營壘將

軍黔弼以勁騎擊之斬獲三千餘級熊津以北三十餘

城聞風自降萱麾下術士宗訓醫者之謙勇將尚逢崔

弼等降於太祖丙申正月萱胃子曰老夫新羅之季立

後百濟名有年于今矢兵倍於北軍尚爾不利殆天假

手爲高麗盍歸順於北王保首領矣其子神劍龍劍良

劍等三人皆不應孝碑家記云萱有九子長曰神劍二云一

成甄二子大師謙腦三子佐承龍述四子大師聰智五子

大阿干宗祐六子闕七子佐承位與八子大師青丘一

女國大夫人皆上院夫人所生也萱多妻妾有子十餘

人第四子金剛身長而多智萱特愛之意欲傳位其兄

神劔良劔知之憂憫時良劔為康州都督龍劔為

正州都督獨神劔在側伊飡能奐使人往康正二州與

良劔等謀至清泰二年乙未春三月與英順等勸神劔

幽萱於金山佛宇遣人殺金剛神劔自稱大王教境內

云々初萱寢未起遙聞宮庭呼喊聲問是何聲歟告父

曰王年老暗於軍國政要長子神劔攝父王位而諸將

歡賀聲也俄移父於金山佛宇以巴達等壯士三十人

守之童謠曰可憐完山兒失父淚漣洒萱與後宮年少

男女二人侍婢古比女內人能乂男等囚繫至四月釀

酒而飲醉守辛三十人而與小允甫香又吳琰忠賀等
以海路迎之既至以萱為十年之長尊號為尚父安置
于南宮賜揚州食邑田莊奴婢四十口馬九匹以其國
先來降者信康為衛前甄萱婿將軍英規密語其妻曰
大王勤勞四十餘年功業垂成一旦以家人之禍失地
從於高麗夫貞女不可二夫忠臣不事二主若捨已君
以事逆子即何顏以見天下之義士乎況聞高麗王公
仁厚勤儉以得民心殆天啓也必為三韓之主盍致書
以安慰我王無懲勤於王公以圖後來之福乎妻曰子
之言是吾意也於是天福元年丙申二月遣人致意於

太祖曰君舉義旗請不內應以迎王師太祖喜厚賜其

使者遣之謝英規曰若蒙恩一合無道路之梗即先致

謁於將軍然後升堂拜夫人兄事而姊尊之必然有以

厚報之天下鬼神皆聞此語六月萱告太祖老臣所以

投身於殿下者願仗殿下威稜以誅逆子非不欲討之

借以神兵殲其亂臣雖死無憾太祖曰非不欲討之

待其時也先遣太子及正將軍述希領步騎十萬趣天

安府秋九月太祖率三軍至天安合兵進次一善神劒

以兵逆之甲午隔一利川相對王師背艮向坤而陳太

祖與萱觀兵忽白雲狀如劒戟起我師向彼行焉乃鼓

行而進百濟將軍孝奉德述哀述明吉等望兵勢火而

愁弃甲降於降前太祖勞慰之問將帥所在孝奉等曰

元帥神劒在中軍太祖命將軍白萱等三軍齊進挾擊

百濟軍潰北至黃山炭峴神劒與二弟將軍富達能奐

等四十餘人生降太祖受降餘皆勞之許令與妻子上

京問能奐曰始與良劒等密謀囚大王立其子者汝之

謀也為臣之義當如是予能奐俔首不能言遂命誅之

以神劒僭位為人所脅非其本心又且歸命乞罪特原

其死　甄萱憂懣發疽數日卒於黃山佛舍九月八日也

壽七十　太祖軍令嚴吊士卒不犯秋毫州縣安堵老幼

皆呼万歲謂英規曰前王失國後其臣子無一人慰之

者獨卿夫妻千里嗣音以致誠意無歸炎於寡人其義

不可忘許職左承賜田一千項許借驛馬三十五匹以

迎家人賜其二子以官甄萱起唐景福元年至晉天福

元年共四十五年丙申歲 史論曰新羅數窮道喪天

無所助民無所歸於是羣盜投隙而作若猬毛然其劇

者弓裔甄萱二人而已弓裔本新羅王子而反以家國

為讎至斬先祖之畫像其為不仁甚矣甄萱起自新羅

之民食新羅之祿包藏禍心幸國之危侵軼都邑虔劉

君臣若禽獸實天下之元惡故弓裔見弃於其臣甄萱

相抗歟

產禍於其子皆自取之也又誰咎也雖項羽序密之雄

才不能敵漢唐之興而況裔萱之凶人豈可與我太祖

駕洛國記文庙朝大康年間金官知州事文人所撰也今略而載之

開闢之後此地未有邦國之號亦無君臣之稱越有我

刀干汝刀干彼刀干五刀干留水干留天干神天干五

天干神鬼干等九干者是酋長領總百姓九一百户七

万五千人多以自都山野鑿井而飲耕田而食屬後漢

世祖光正帝建正十八年壬寅三月禊洛之日所居北

龜旨是峯巒之稱若十朋伏之狀故云也有殊常聲氣呼嘨眾庶二三百

一七九

人集會於此有如入音隱其形而發其音曰此有入否

九千等云吾徒在又曰吾所在在為何對云龜吉也又曰

皇天所以命我者御是處惟新家邦為君后為兹故降

矣你等湏掘峯頂撮土歌之云龜何龜何首其現也若

不現也燔灼而喫也以之蹈舞則是迎大王歡喜踴躍

之也九千等如其言咸忻而歌舞未幾御而觀之唯紫

繩自天垂而著地尋繩之下力見紅幅裹金合子開而

視之有黃金夘六圓如日者衆人悉皆驚喜俱伸百拜

尋還裹者抱持而歸我刀家實榻上其衆各散過浹辰

翌日平明眾庶復相聚集開合而六夘化為童子容兒

甚偉仍坐於床衆庶拜賀盡恭敬止日日而天瑜十餘

晨氏身長九尺則殷之天乙顏如龍焉則漢之高祖眉

之八彩則有唐之高眼之重瞳則有虞之舜其於月望

日即位也始現故諱首露或云首陵（首陵是崩後諡也）國稱大

駕洛又稱伽耶國即六伽耶之一也餘五人各歸為五

伽耶主東以黃山江西南以滄海西北以地理山東北

以伽耶山南而為國尾俾創假宮而入御但要質儉茅

茨不剪土階三尺二年癸卯春正月王若曰朕欲定置

京都仍駕幸假宮之南新畓坪（是古來開田新耕作故也畓乃俗文也）四

望山嶽顧左右曰此地狹小如蓼葉然而秀異可為十

六羅漢住地何況自一成三自三成七七聖住地固合
于是托土開疆終然允藏嫐築置一千五百步周迴羅
城宮禁殿宇及諸有司屋宇虎庫舍廩之地事訖還宮
徧徵國內丁壯人夫工匠以其月二十日資始金陽壁
三月十日役畢其官闕屋舍候農隙而作之經始于嚴
年十月遠甲辰二月而成消吉辰御新宮理万機而勤
庶務忽有琓夏國含達王之夫人姙娠於月生卵卵化
為人名曰脫解從海而來身長三尺頭圓一尺悅焉詣
闕語於王云我欲奪王之位故來耳王苔曰天命我俾
即于位將令安中國而綏下民不敢違天之命以與之

位又不敢以吾國吾民付囑於汝解云若爾可爭其術
王曰可也俄頃之間解化為鷹王化為鷲又解化為雀王
化為鸇于此際也寸陰未移解还本身王点復然解刀
伏膺曰僕也適於角觗之場之鷲雀之於鸇獲免焉
此盖聖人惡殺之仁而然乎僕之與王爭位良難便拜
锋而出到麟郊外渡頭将中朝来泊之木道而行王竊
恐滯留謀亂急發舟師五百艘而追之解奔入雞林地
界舟師盡還事記所載多異與新羅慶建正二十四年戊
申七月二十七日九千等朝謁之次献言曰大王降靈
已求好仇未得請臣等所有處女絕好者選入官闈俾

一八三

為伉儷王曰朕降于兹天命也配朕而作后六天之命

卿等無慮遂命留天干押輕舟持駿馬到望山島立待

中命神鬼干就乘岾埋山島京南島嶼忽自海之西南隅

掛緋帆張茜旗而指乎此留天等先舉火於島上則竸

渡下陸爭奔而來神鬼望之走入闕奏之上聞欣欣尋

遣九干等整蘭橈揚桂楫而迎之旋欲陪入內王后乃

曰我與等素眜平生焉敢輕忽相隨而去留天等返達

后之語王然之率有司動蹕從闕下西南六十步許地

山邊設幔殿祗候王后於山外別浦津頭維舟登陸憩

共高嶠解所著綾袴爲贄遺于山靈也其地侍從媵臣

二貞名曰申輔趙匡其妻二人號慕貞慕良式藏獲并
計二十餘口所賣錦繡綾羅衣裳定段金銀珠玉瓊瑤
服玩器不可勝記王后漸近行在上出迎之同入帷官
滕臣已下眾人就階下而見之即退上命有司引滕臣
夫妻曰人各以一房安置已下藏獲各一房五六人安
置給之以蘭液蕙醑藉之以文茵彩薦至於衣服疋段
寶貨之類多以軍夫遵集而護之於是王與后共在御
國寢從容語王曰妾是阿踰陁國公主也姓許名黃玉
年二八矣在本國時今年五月中父王與皇后顧妾而
語曰爺孃一昨夢中同見皇天上帝謂曰駕洛國元君

首露者天所降而俾御大寶乃神乃聖惟其入乎且以

新莊家邦未定匹偶御等須遣公主而配之言訖升天

形開之後上帝之言其猶在耳你於此而忽辝親向彼

乎社矣妾也浮海邈尋於蒸棗移天夐赴於蟠桃蕘首

敢叫龍顏是近王荅曰朕生而頗聖先知公主自遠而

届下臣有納妃之請不敢從焉今也淑質自臻眇躬多

幸遂以合歡兩過清宵一經白晝於是遂還棗船篙工

楫師共十有五人各賜糧粳米十碩布三十疋令歸本

國八月一日迴鑾與后同輦媵臣夫妻齊鑣並駕其漢

肆雜物感使乘載徐徐入關時銅臺欲千王后爰處中

宮勑賜朕臣夫妻私屬空閑二室分入餘外徙者以實
舘一坐二十餘間酌定人數區別安置日給豐羨其所
載珍物藏於內庫以為王后四時之費一日上語臣下
曰九干等俱為庶僚之長其位與名皆是宵人野夫之
號頓非簪履職位之稱儻化外傳聞必有嗤笑之恥逐
政我刀為我躬汝刀為汝譜彼刀為彼藏五方為五常
留水留天之名不動上字改下字留功留德政為神道
五天政為五能神瞗之音不易政訓為臣貴取雞林職
儀置甬干阿叱干級干之秩其下官僚以周判漢儀而
分定之斯所以革古鼎新設官分職之道歟於是乎理

一八七

國齊家愛民如子其教不肅而威其政不嚴而理况與
王后而居也比如天之有地日之有月陽之有陰其功
也塗山翼夏唐媄與媧頻年有夢得熊羆之兆誕生太
子居登公靈帝中平六年巳巳三月一日后崩壽一百
五十七國人如嘆坤崩葬於龜旨東北掃遠欲忘子愛
下民之惠因號初來下纜渡頭村曰王浦村解綬袴髙
岡曰綾峴盖旗行入海涯曰旗出邊滕臣泉府鄉中輔
宗正監趙匡等到國三十年後各産二女焉夫與婦踰
一二年而皆挹信也其餘藏獲之輩自來七八年間未
有孾寸生唯抱懷土之悲皆首丘而殁所舍賓館圓其

無人元君乃每歌懷抱悲嘆良多隔二五歳以獻府

安四年巳卯三月二十三日而俎落壽一百五十八歳

矣國中之人若亡天只悲慟甚於后崩之日遂於闕之

良方平地造立殯宮高一文周三百步而葬之號首陵

王廟也自嗣子居登王洎九代孫仇衝之享是廟須以

每歳孟春三之日七之日仲夏重五之日仲秋初五之日

十五之日豊潔之奠相繼不絶洎新羅第三十王法敏

龍朔元年辛酉三月日有制曰朕是伽耶國元君九代

孫仇衝王之降于當國也所率來子世宗之子率友公

之子庶云匝干之女文明皇后寔生我者兹故元君於

幼冲人乃為十五代始祖也所御國者已曾敗所基廟

者今尚存合于宗祧續乃祀事仍遣使於秦離之址

近廟上上田三十項為供營之資號稱王位田付屬本

土王之十七代孫賡世級千祧稟朝旨主掌厥田每歲

時釀醪醴設以餅飯茶菓庶羞守奠年年不隊其祭

日不失居登王之所定年內五日也芳葒孝祀放是乎

在於我自居登王即位已卯年置便房降及仇衝朝末

三百三十載之中享廟禮曲永無違者其乃仇衝失位

去國逮龍朔元年辛酉六十年之間享是廟禮或闕如

也美矣哉文武王法敏王先奉尊祖孝子惟孝繼泯絕
也謐敏王

之祀復行之也新羅季末有忠至匝干者攻取金官高

城而爲城主將軍爰有英規阿干假威於將軍奪廟享

而滛祀當端午而致告祠堂梁無故折墜因覆壓而死

焉於是將軍自謂宿因多幸叨爲聖王所御國城之眞

宜我畫其眞影香燈供之以酬玄恩遂以鮫絹三尺摸

出眞影安於壁上旦夕膏炷瞻仰虔至才三日影之二

目流下血淚而貯於地上幾一斗矣將軍大懼捧持其

眞就廟而焚之即召王之眞孫圭林而謂曰昨有不祥

事一何重疊是必廟之威靈震怒余之圖畫而供養不

孫英規既死余甚怖畏長影已燒矣必受陰誅卿是王之

真孫信合依舊以祭之圭林繼世奠醮年及八十八歲

而卒其子間元卿續而克禋端午日謁廟之祭英規之

子俊必又發狂來詣廟俾徹間元之奠以巳真陳事三

献未終得暴疾歸家而斃然古人有言淫祀無福反受

其殃前有英規後有俊必父子之謂乎又有賊徒謂廟

中多有金玉將來盜焉初之來也有躬擐甲冑張弓挾

夫猛士十一人從廟中出四面兩射中殺七八人賊徒奔

走數日再來有大蜂長三十餘尺眼光如電自廟旁出

咬殺八九人粗得完免者皆僵仆而散故知陵園表裏

必有神物護之自達安四年巳卯始造達令上御閣

十一載大康二年丙辰凡八百七十八年所封羨土不
騫不崩所植佳木不枯不朽况所排列万蘊玉之片片
亦不頹圻由是觀之辛替否曰自古迄今豈有不忘之
國不破之墳唯此駕洛國之昔曾立則替否之言有徵
矣首露廟之不毀則替否之言未足信也此中更有蔵
樂思慕之事每以七月二十九日土人吏卒陟乗岾設
帷幕酒食歡呼而東西送目壯健人夫分類以左右之
自望山島駮蹄駸駸而競漾於陸鷁首泛泛而相推於
水北指古浦而爭趨盖此昔留天神思等盟後之遺急
促告君之遺迹也國立之後代代稱號不一新羅第三

十一政明王即位開耀元年辛巳號為金官京置大守

後二百五十九年屬我大祖統合之後代代為臨海縣

置排岸使四十八年也次為臨海郡或為金海府置都

護府二十七年也又置防禦使六十四年也淳化二年

金海府量田使中大夫趙文善申省狀稱首露陵王廟

屬蜀田結數多也宜以十五結仍舊貫其餘分折於府之

役丁所司傳狀奏聞時廟朝宣旨曰天所降外化為聖

君居位而延齡則一百五十八年也自彼三皇而下鮮

克比肓者歟崩後自先代俾屬蜀廟之隴畝而今減除良

堪疑懼而不允使又申省朝廷然之半不動於陵廟中

牛分給於鄉人之丁也節使稱量田使受朝旨乃以半鳳

於陵園半以支給於府之徭役户丁也幾臨事毋面甚

勞倦忽一夕夢見七八介思神執縲紲握刀鋼而至云

你有大愆故加斬戮其使以謂受刑而慚楚敬焉懼而

覺仍有疾瘵勿令人知之宵遁而行其病不間渡關而

死是故量田都帳不著印也後人奉使來審檢厥田才

一結十二負九束也不足者三結八十七負一束矣乃

推鞫斜入處報告內外官勅理足支給焉又有古今所

嘆息者元君八代孫金鋥王克勤爲政又切崇眞爲世

祖母許皇□奉資冥福以元嘉二十九年壬辰於元君

興皇后合婚之地創寺額曰王后寺遣使審量近側平

田十結以爲供億三寶之賞自有是寺五百後置長遊

寺所納田柴幷三百結於是右寺三剛以王后寺在寺

柴地東南標內罷寺爲莊作秋收冬藏之場秣馬養牛

之厩悲夫世祖已下九代孫曆數委錄于下銘曰

元胎肇啓　　利眼初明　　人倫雖誕　　君位未成

中朝累世　　東國分京　　雞林先定　　駕洛後營

自無銓宰　　誰察民氓　　遂茲玄造　　顧彼蒼生

用授符命　　特遣精靈　　山中降卵　　霧裏藏刑

內猶漠漠　　外亦冥冥　　望如無象　　聞乃有聲

羣歌而奏　眾舞而呈　七日而後　一時户ノ

風吹雲卷　空碧天青　下六圓卯　垂一紫纓

殊方異土　比屋連甍　觀者如堵　觀者如薈

五歸各邑　一在茲城　同時同迹　如弟如兄

實天生德　為世作程　寶位初陟　寰區欲清

莘撢徵古　土階尚平　万機始勉　廢政施行

無偏無儻　惟一惟精　行者讓路　農者讓耕

四方奠枕　萬姓迓衡　俄矈薤露　靡保椿岭

乾坤變氣　朝野痛情　金相其躅　玉振其聲

来苗不絕　薦藻惟馨　日月雖逝　規儀不傾

居登王　文首露王母許王后立安四年巳卯三月二
十三日即位治三十九年嘉平五年癸酉九
月十七日崩王妃泉府卿申輔女慕貞生太
子麻品開皇曆云姓金氏盖國世祖從金卵
而生故以金爲姓尔

麻品王
一云麻品金氏嘉平五年癸酉即位治三十
九年永平元年辛亥二月二十九日崩王妃
宗正監趙匡孫女好仇生太子居叱弥

居叱弥王　一云今勿金氏永平元年即位治五十六年
永和二年丙午七月八日崩王妃阿躬干

伊尸品 金氏永和二年即位治六十二年義熙三年

孫女阿志生王子伊品

丁未四月十日崩王妃司農卿克忠女眞信

生王子坐知

坐知王 一云金叱義熙三年即位娶傭女以女黨爲

官國内擾乱雞林國以謀欲伐有一臣名朴

元道諫曰遺草閱閱亦含羽况乃人乎天工

地陷人保何基又卜士筮得解卦其辭曰解

而悔朋至斯孚君鑒易卦乎王謝曰可擯傭

女熙於荷山島改行其政長御安民也治十

五年永初二年辛酉五月十二日崩王妃道

吹希王

寧大阿干女福壽生子吹希

一古叱嘉金氏永初二年即位治三十一年

元嘉二十八年辛卯二月三日崩王妃進恩

鑕知王

角干女仁德生王子鑕知

一六金鑕王元嘉二十八年即位明年爲世

祖許黄玉玉后奉資冥福於初與世祖合御

之地剙寺曰王后寺納田十結充之治四十

二年永明十年壬申十月四日崩王妃金相

沙干女邦媛生王子鉗知

鉗知王　一云金鉗王永取十年即位治三十年
二年辛丑四月七日崩王妃出忠角干女淑□
生王子仇衡
仇衡王　金氏正光二年即位治四十二年保定二年
壬午九月新羅第二十四君真興王興兵薄
伐王使親軍卒彼衆我寡不堪對戰也仍遣
同氣脱知尒叱今留在於國王子上孫卒支
公等降入新羅王妃分尒叱女桂花生
三子一世宗角干二茂刀角干三茂得角干
開皇錄云梁中大通四年壬子降于新羅

議曰案三國史仇衡以梁中大通四年壬子

納土投羅則許自首露初即位東漢建武十

八年壬寅至仇衡末壬子得四百九十年矣

若以此記考之納土在元魏保定二年壬午

則更三十年揔五百二十年矣今兩存之

三國遺事卷第二

파른본 삼국유사